华章经典·管理

拥抱不确定性

新经济时代的商业法则

BEYOND CERTAINTY
The Changing Worlds of Organisations

[英]查尔斯·汉迪 著 李国宏 译
（Charles Handy）

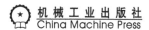
机械工业出版社
China Machine Press

图书在版编目（CIP）数据

拥抱不确定性：新经济时代的商业法则 /（英）查尔斯·汉迪（Charles Handy）著；李国宏译 . —北京：机械工业出版社，2020.4（2024.11 重印）

（华章经典·管理）

书名原文：Beyond Certainty: The Changing Worlds of Organisations

ISBN 978-7-111-65174-1

I. 拥… II. ①查… ②李… III. 商业模式 - 研究 IV. F71

中国版本图书馆 CIP 数据核字（2020）第 051807 号

北京市版权局著作权合同登记　图字：01-2020-0412 号。

Charles Handy. Beyond Certainty: The Changing Worlds of Organisations.

Copyright © 1995, 1996 by Charles Handy.

Chinese (Simplified Characters only) Trade Paperback Copyright © 2020 by China Machine Press.

This edition arranged with Arrow Books Limited through BIG APPLE AGENCY. This edition is authorized for sale in the Chinese mainland (excluding Hong Kong SAR, Macao SAR and Taiwan).

No part of this book may be reproduced or transmitted in any form or by any means, electronic or mechanical, including photocopying, recording or any information storage and retrieval system, without permission, in writing, from the publisher.

All rights reserved.

本书中文简体字版由 Arrow Books Limited 通过 BIG APPLE AGENCY 授权机械工业出版社在中国大陆地区（不包括香港、澳门特别行政区及台湾地区）独家出版发行。未经出版者书面许可，不得以任何方式抄袭、复制或节录本书中的任何部分。

拥抱不确定性：新经济时代的商业法则

出版发行：机械工业出版社（北京市西城区百万庄大街 22 号　邮政编码：100037）	
责任编辑：沈　悦	责任校对：李秋荣
印　　刷：固安县铭成印刷有限公司	版　　次：2024 年 11 月第 1 版第 5 次印刷
开　　本：170mm×242mm　1/16	印　　张：15
书　　号：ISBN 978-7-111-65174-1	定　　价：59.00 元

客服电话：(010) 88361066　68326294

版权所有·侵权必究
封底无防伪标均为盗版

译者序
The Translator's Words

领导力大师沃伦·本尼斯认为，如果彼得·德鲁克使管理登上大雅之堂，汤姆·彼得斯又将其推而广之，那么查尔斯·汉迪则赋予了管理所缺失的哲学的优雅和雄辩。当今的世界无论是社会、企业还是个人，遇到的最大挑战都是层出不穷的不确定性问题。汉迪作为管理哲学大师，手握灵珠却仍躬耕陇亩，本书以汉迪自己的管理咨询工作及生活经历为素材，通过对工作与生活的细微洞察和理性审视，从组织规划、未来趋势及个人发展等方面论述了不确定性对社会、企业与个人造成的影响，同时有针对性地提出了应对措施。

这是一本管理哲学之书。汉迪的管理思想注重不同管理文化的融合，倡导利润与道义兼顾，组织与个体并重，文化引领管理，管理滋养文化。面对充满不确定性与变化的世界，汉迪在本书中寻找工作与生活的平衡、以联邦制为基础的企业中权力的平衡、企业经济效益与社会责任的平衡、个人生活与工作的平衡、终身雇用与灵活工作的平衡等。对个人而言，贪图享受、无限制地攫取财富或快节奏地工作并透支生命都不是正确的生活方式。

这是一本关于变革之书。汉迪将世界上的问题按照是否可以找到"唯一答案"分为两种，一种是"收敛性问题"，另一种是"发散性问题"。真正的商业问题都是发散性的，没有固定的答案，这正是商业活动的困难，也是其魅力所在。无论是社会、企业还是个人，都会面临越来越多的发散性问题。未来将是不连贯变化的时代，"黑天鹅"的出现将会成为常态化的现象，只有拥抱变化才能生存。译者在10多年的管理咨询生涯中，与诸多政府部门、企业打过交道，深知只有未雨绸缪、及时应对变化的组织与个人才能蓬勃发展。为了适应不连贯的变化，组织需要实现从管控到赋能的转变，要让员工在组织中更有价值。企业即道场，最重要的是给每个员工赋能。对个人而言，可以选择更多的工作组合以及更灵活的工作时间，智力资产将成为新的财富源泉。当今时代发展的主要驱动力来自于知识，汉迪认为商学院的教学要增加历史、哲学等通识教育课程，注重同学之间的相互学习。组织在学习过程中要提倡不断反思，学习的本身也是"在宁静中体察"的过程。企业领导者想拥有洞见未来的机会，要具备为员工描述愿景的能力，就必须要掌握概念化技能。

这是一本关于未来之书。重塑企业与重建经过战火洗礼的城市一样，当按部就班的规则被打破，则需要将责任与决策同企业总部剥离或下沉，以应对快速变化的环境。企业可以利用标杆分析法制订适合未来发展的标准，标准不仅要足够高，还应该可以持续提升。船小好调头，与官僚作风盛行的集权企业相比，小而美的企业更能适应变化，可以提供更好的产品及服务。企业在应对变化的过程中要与国家对自身的定位一样，找到适合本企业的产品与服务，并匹配相应的资源以发展自身的优势。汉迪在本书中预见了通过信息的互联、办公空间及个人技能实现共享的趋势，以及如何管理日益增加的虚拟企业。汉迪不愧为管理学界的预言大师，他认为要"雕塑"未来，必须大胆地设想那些"不可能的事"，如果由于过去的羁绊而错过了未来的发展，那将是人类莫大的悲哀。

这是一本关于人性激励之书。汉迪认为激励人性才是管理的真谛。面对日新月异的变化，在企业中员工已经成为企业的关键资产，是真正的主体，曾经被日本企业视作珍宝的终身雇用制使组织的柔性受到极大限制，优秀的人才不会被其吸引，给老员工不断提供发展机会的承诺也难以兑现。基本工资、绩效奖金、股权激励，以及额外的假期、教育机会的组合激励方式被越来越多的企业采用，此外，多岗位转换的职业生涯通道设计也被作为激励的方式之一。对新生代年轻员工进行培养是企业领导者的责任，重仓年轻员工就是重仓未来。为了自身发展与承担的社会责任，企业应该通过灵活的工作方式帮助女性员工找到工作与生活的平衡，为即将退休的员工做好进入"第三龄"生活的准备。企业是联系紧密的集体与自由个体的组合，员工需要抱团取暖，但是也不能总抱在一起。

汉迪把管理学大师比作传播管理的蜜蜂，在全球各地飞来飞去，将有效的管理思想与观念传播出去。世界变化越快，这些蜜蜂就越重要，足迹所至之处，管理观念也在修正与更新。

愿读者可以借助大师的"翅膀"，从本书中汲营养，明事理，促前行。

李国宏
2019 年 10 月 于北京

目录
Contents

译者序

引言 /1
第1章 拥抱不确定性:一个人的征程 /14
第2章 即将来临的职场文化 /26
第3章 企业权力的平衡:新企业联邦宪章 /36
第4章 企业因何而生 /62
第5章 终身雇用制是否会成为企业之殇 /92
第6章 为什么退休后还应赋予生活更好的意义 /99
第7章 培养年轻员工如东风化雨 /104
第8章 商学院授人以鱼还是授人以渔 /109
第9章 是否干活不由东,累死也无功 /114
第10章 企业都在实行联邦制吗 /120
第11章 办公室里有职场病毒吗 /125
第12章 找寻理想国 /130
第13章 失落之城的启示 /135
第14章 应该多交税吗 /139
第15章 众人划桨开大船 /143
第16章 提高标准是否已经时不我待 /147
第17章 数字无法衡量的资产 /152

第 18 章　做小而美的企业　/156

第 19 章　直面职场的日本女性　/160

第 20 章　让办公室成为共享空间　/164

第 21 章　如何学习才能知行合一　/168

第 22 章　做古代希腊人还是当代英国人　/172

第 23 章　研习概念化技能　/176

第 24 章　职业生涯发展双通道的挑战　/180

第 25 章　灵活与碎片化的时间管理　/184

第 26 章　勿以恶小而为之　/190

第 27 章　梦想会变成梦魇吗　/194

第 28 章　当企业成为虚拟组织　/198

第 29 章　企业即道场　/202

第 30 章　怎样才能成为管理者　/206

第 31 章　日新月异的积极权力　/210

第 32 章　工作变化如白衣苍狗　/214

第 33 章　蹩脚的持枪管理法　/218

第 34 章　快节奏工作，携财富西去　/222

第 35 章　如何管理"隐形"员工　/226

BEYOND CERTAINTY
引言

天边的雾霭

作为市场经济和现代资本主义理论的开山鼻祖,亚当·斯密(Adam Smith)的著作可能是被引用次数最多,阅读量却最少的典籍。比如说,有谁知道他曾有过这样的描述:

> 由于经济增长将刺激需求,有利可图的投机行为被描述为一种公共产品,人们四处传播着由此带来的安逸与进步。因此任何有爱国情节或有感情的人都不能对此提出异议。(但是)这种经济增长的性质,与诸如休养生息的农耕思想背道而驰,使得人们在无休止索取的意愿驱使下,既无方向又无节制地追求世界上的一切无用之物。

亚当·斯密如果今天还健在,应该去城市的购物中心或观光大道上逛一逛。他会发现商店的橱窗里堆满了琐碎的物件,人们身边充斥着用过即弃的东西。在当今社会,经济增长源于说服更多的人去购买越来越多他们似乎想要但并不需要的东西。然而如果没有这类诱导性的需求,就不会有亚当·斯密所说的"安逸与进步",其产生的经济增长也无法传递给那些真正需要它的人。我们中的许多人需要"浮华和奢靡"的经济提供一份工作。

"一份工作"确实仅仅只是工作而已。世界上最好的管理者也无法从整理超市货架或摆放商品，销售T恤衫、马克杯、塑料玩具，甚至是售卖盒饭中发掘出工作的意义。这都是些苦差事，并不是人人向往的体面工作。这只是人们为了挣钱而做的营生，而金钱本身就是进入我们对自己承诺的富裕生活的桥梁。

作为一种荒诞的讽刺，这也是困扰当今现代国家的诸多纠结之一。为了给人们供给现代生活的必需品，我们必须花更多的金钱和时间在生活非必需品以及"无用之物"上，这都是生活垃圾。更糟的是为了生产这些东西，人们消耗了世界的资源，污染了环境，使乡村和城镇变得肮脏不堪。这一切并不是资本主义所承诺的，在世界市场上拥有自由选择权的美好新世界。

我们曾经认为自己可以拥有一切，金钱可以买到任何东西的选择权，而技术可以为人们的选择提供支持。如果不想要孩子，科技会让人们享受性爱的乐趣，而不用承担任何后果。如果人们事后改变了主意，也可以利用科技手段进行补救。即使人们不能长生不老，至少也可以将寿命再延长10年左右，社会将确保国家对老年人晚年的健康负责，不会让他们成为子女的负担。事实上，国家将会搞定人们不想自己做的一切事情。例如，《德国基本法》(Basic German Law) 列出了17项个人基本权利，但没有1项个人义务，除了偶尔纳税之外。简而言之，无限制的经济增长将为人们所有的需求提供必要的资金，而技术将以某种方式解决任何人们不愿承担的后果。

这其实一直是痴人说梦。理性的政策总是会产生意想不到的结果。在幅员辽阔的美国，人们可以自由选择住在哪里，同时也可以择邻而居，于是就出现了富人区、老人区，并且不可避免地出现了贫民区。社区由一种理想生活变成了人们防止他人进入的自私自利的领地，这让人们想起中世纪欧洲的城邦——对于城里的人来说城邦是美好的，对于城外的人来说却是可望而不可即的，这也是城里的人要筑起高墙的原因。

当我们在第一世界的发达国家中面对铺张浪费的现象时，却要求第三世界的发展中国家采取不同的行为方式以免破坏环境。这些国家想要在做出我们所要求的牺牲前得到一些奢侈的享受，这也不是不合情理。我们陷入了自己设计的陷阱之中，不愿意接受他人自由选择的权利，也就不会轻易得到他人的支持。当我在佛罗伦萨（Florence）和塞维利亚（Seville）旅游，被熙熙攘攘的游客挤成一团时，此时我会想，如果只有少数幸运的人（当然包括我自己）有能力决定自己的旅行目的地该有多好。一切自由的选择很容易给大多数人带来困扰。

企业也未能幸免于抛出虚假承诺的诱惑——为所有人提供不错的高薪工作是企业的承诺之一。因此越来越多的人，特别是妇女想要找到工作。但是企业也需要效率，这就意味着当企业要完成同样的工作时，在可能的情况下，企业将聘用更少的员工完成更多的工作。在过去的25年里，欧洲经济增长了70%，但是仅仅创造了10%的新工作岗位，远远不能满足所有人的需求。而且似乎已经开始有这样的现象出现：企业成长得越快，所需要的员工就越少。

企业同时宣称，员工现在是企业的资产，企业承诺将在工作中提供一个以关怀和培养为目标的企业社区；日本企业的传统也已被转换成西方的方式。但在对作为资产的员工给予关注的同时，就像养牛一样，牛群在接受养育的同时还要产奶。那些在企业找到适合自己工作的幸运员工发现，工作的时间越来越长。传统的10万小时的工作时间被压缩到30年，而不是原来的50年。人们每周需要工作67个小时，留给家人或做其他事情的时间很少。企业被视为创造财富的工具，无论财富是金钱、健康、教育还是服务。我们现在可以清楚地发现，在企业家的意识里，企业内的员工已经成为机器，须服从组织的目标，按企业需要取舍，但这并不是企业成立的初衷。

另一种人们不愿看到的结果是，"有限责任"⊖这一良好的设计机制最终会被那些从未关心过企业，且与员工素未谋面，也不参与产品与战略设计的股东所利用。企业作为一种财产被投机者买卖，赚钱成为衡量一切的标准，经营者必须要在短时间内使企业盈利。

许多其他的做法也不符合企业成立的初衷。在一个更加开放的时代，企业的需求已经不同以往，更不应该把女性排挤出新型的高效企业，但每周67小时的工作时间意味着女性不得不

⊖ 即有限清偿责任，指投资人仅以自己投入企业的资本对企业债务承担清偿责任，在资不抵债时，多余部分自然免除的责任形式。——译者注

经常在工作和养育子女之间做出选择。人们希望将来有更多的女性选择生育，或者找到更好的方法将两者结合起来。在当今大多数富裕国家中，每个妇女生育子女的数量不到1.5个。孩子太多可能是问题，但孩子太少的结果也好不到哪里去——会产生由越来越少的人赡养老人的老龄化社会，而且这一次科技不可能再在50年内改变什么。所有人的境况都将比我们父母所处的时代更糟糕，今天的许多美国人惊讶地发现自己已经身处这样的境地。

穿越迷雾

很显然，在当今社会想要经济永远保持增长是不可能的。即使能做到这一点，也不能保证人们的生活幸福。在过去的20年里，英国经济增长了40%，德国经济增长了50%，日本经济增长了60%，但是德国人和日本人的幸福感并没有明显提高。事实上，调查结果显示的恰恰相反，日本人羡慕几乎所有其他国家人们的生活方式。也许我们很快就会停止追求持久经济增长的幻想，转而听从亚当·斯密关于"休养生息"是人们首要目标的提醒。

如果我们这样做，更多的可能是由于环境所迫，而不是自身的选择。人们自身经历所塑造的价值观与在价值观引导下所做的事一样多，而即将发生的事情将使我们所有人面临新的选择。在过去，大多数人似乎满足于把所有的工作时间都"出售"

给企业，在合理的范围内按照企业的意愿去做事。人们的选择主要与如何使用企业支付的薪水与企业留给人们的时间有关。这种做法很正常，金钱以及金钱能买到的东西主宰了人们的价值观。钱越多，人们的选择就越多。对大多数人而言，这毕竟是一个物质世界。

这也是一个体制统治的世界。大多数人在各种各样的组织中谋生与获得认同感。在这些组织中，权力、权威和控制如影随形。我们可能并不总是喜欢组织所说的话或者组织对我们的要求，但是很明显，权威无处不在。这种情况即将发生改变。

就像600年前印刷术的发明和发展将欧洲带入新一代的技术革命一样，我们的世界也即将迎来一场同样重大的变革。那时，人们将第一次能够支配自己的时间，在自己的家里用自己的语言阅读圣经。人们不再需要去教堂，聆听执业牧师用拉丁文讲解上帝的教诲。人们可以自己决定是与非，区分上帝与魔鬼。其结果是教会丧失了权威，大多数组织的权威也会随之瓦解。个体的解放带来了创造力，并在文艺复兴时期得到了蓬勃发展。但是由于各方人士都想要展示自己的力量，掌握自己的命运，这种自由也产生了分裂和无政府状态、冲突和镇压。当然，也有一些人渴望过有秩序和守规矩的日子，并在可能的情况下设法恢复秩序和规则。

电视、电话以及电脑终端就像现代的印刷机一样，构成了我们现在所设想的有线和无线世界。当摩托罗拉（Motorola）帮助每个人实现生来就有个人号码并有一部私人电话的梦想时，一部电话才真正属于一个人而不是某个地方了。虽然这些故事听起来微不足道，但这意味着办公室将变成和教堂一样没有必要的存在。电视让每个人都能对世界事务做出自己的判断，从而削弱了总统、首相、女王和企业董事长的神秘感。CD光盘和互联网让所有人都能接触到全世界的知识，剥夺了各地教师相对于学生的知识优势，也削弱了教师的权威。

就像在文艺复兴时期一样，这将是一个激动人心的时代，对那些能够看到并把握机会的人来说，是一个充满巨大机遇的时代，但对许多人来说，也会是一个充满巨大威胁且令人恐惧的时代。将组织和社会团结起来会更加困难，领导力、远见和共同目标等更加柔性的说法将取代控制和权威等比较生硬的词汇，因为这些生硬的词汇不会再对人们产生威慑作用。组织将不得不成为社区而不是财产，员工变为社区成员而非雇员，因为很少有人能接受被他人掌控。社会会分裂成更小的组织，但也会重新组合成比现在更大的组织，以达到特定目的。联邦制作为一种古老的体制，尽管存在内部矛盾，但再次成了流行的组织形式。

有趣的是，在新互联时代，许多产品对环境的破坏将会更小。制造多媒体光盘不需要砍伐树木。健康、教育、个人服务和休闲活动等新的经济增长领域所需的原材料要少得多，与"物质"相比，它们更多地与心理的充实和身体的健康有关。与过去的制造业巨头相比，这些新的增长领域也来自规模更小、对人们更友善的组织。无论如何，"物质"将越来越多地由"物质"来制造，而不是由犹如机器般运行的人来制造。随着社会老龄化的加剧，更多的人会拥有足够的资源，大部分人将会过上清心寡欲的生活。事实上，比起"无用之物"，他们可能会对亚当·斯密提出的"休养生息"更感兴趣，如果"休养生息"存在市场空间，那么经济也会有所增长。

人们可能会发现，当我们对如何使用时间有越来越多选择的时候，尽可能以高价或尽可能多地出售时间也许并不总是有意义的做法。我们可以花时间做其他事情，即便只是坐下来和朋友聊聊天。许多人会利用时间来提升自身的技能，扩展自己的能力空间，因为当今社会智慧是通往财富和权力的通道。时间和技能将成为最稀缺的商品，是每个人的私有财产，而不是企业的财产，这也将从根本上打破双方博弈的平衡。无论对于什么年龄、什么类型的人，教育都将再一次为大家所珍视。

当然这种做法也存在隐患，"休养生息"只会成为富裕国家特权世界中少数特权阶层的专利。我们可以通过先让穷人变富的方式，让穷人有更多的财富可以用来支配，从而使社会进步。然而，要开始这样的良性循环，首先要做的是对穷人进行投资，在扩展能力空间、提高技能以及提高工作主动性方面给予穷人更多的支持。这种做法对整个世界、个别群体甚至对组织来说，都是卓有成效的，但也会一如既往地要求富人在一开始就做出短期的牺牲。

只有对那些可能带领我们实现目标的人存在信心时，我们才会心甘情愿地为自己所信仰的目标和理想做出牺牲。因此在这个崭新的世界里，领导力变得比以往任何时候都更加重要，同时，哲学或者说对事物本真意义的探索，也会成为经济学的驱动力。就个人而言，由于没有组织会来干预我们的生活，每个人都应该对自己的命运更加负责。这将迫使我们明确生活中各项事务的轻重缓急。环境会把人们造就成哲学家。

本书的逻辑

本书的内容反映了我对人们即将进入的时代的关注。从字面上看，一篇文章就是对答案的探索或者测试。我的文章和演讲也是如此，它折射出我对事物本身的求索精神。因此对我而言，本书也是我的其他作品的素材。有时候素材比我已经完成的书稿更加生动，更具探索性与时效性。对于辛勤劳碌的人而言，本书短小精悍，更适合读者阅读与理解。

本书收录了本人近五年来写的文章，包含了《非理性时代》（*The Age of Unreason*）和《空雨衣》（*The Empty Raincoat*）两本书的雏形，除此之外还有很多其他内容，都取决于当时的背景以及它们面向的特定读者。我把自认为比较出色的文章放在一本书里，以便从文件夹中再次唤醒它们，让我能够和比第一读者更广泛的群体分享这些文章。然而就像所有此类藏书一样，这本书需要用心研读，而不是囫囵吞枣般地一扫而过。

所有文章的共同点是对不确定性的描述。2500年前，赫拉克利特（Heraclitus）在演讲时曾提醒听众，人不能两次踏进同一条河流——就像生活永远在变化一样。我们似乎从来没有想过要相信他所说的话。在本书的第1章——"拥抱不确定性：一个人的征程"（Beyond Certainty：A Personal Odyssey）中，我解释了自己是如何认识到人类社会中没有任何事情是可以确定的。如果不想无所事事地等待神一般的领袖告诉我们要去何处以及如何到达目的地，我也给出了如何将找寻生活的目的与意义提上自己行动日程的答案。

接下来的三章探讨的内容是，对于我而言，在思考工作和商业世界如何才能实现最优发展的过程中，最重要的基石是什么。第2章是"即将来临的职场文化"（The Coming Work Culture），我向美国民众介绍了"组合工作"（portfolio）的概念。这篇文章是为《利尔》杂志（Lear's）撰写的，这是一本面向新一代职业女性发行的刊物。这也反映了我的一种认知，即工作正变得越来越碎片化，独立工作人士将成为新职场的一项关键特征，最重要的是，这种现象意味着女性获得了新的机遇。

第3章是我为《哈佛商业评论》（Harvard Business Review）撰写的文章，题目是"企业权力的平衡：新企业联邦宪章"（Balancing Corporate Power：A New Federalist Paper）。这篇文章旨在探讨组织向所有人下放权力时会发生的现象，无论组织大小，采用全球化还是区域化管理，录用的是专业人才还是普通员工。题目的含义是，人们有时可以从过去的思路中找到通向未来的线索。作为一种理念，联邦制已经存在了2000年或者更长的时间，但我们似乎已经忘记在政治和商业界，联邦制的主要原则是什么，这些原则在早期美国《联邦党人文集》（*Federalist Papers*）一书中已被作者阐明。这篇文章被选为《哈佛商业评论》年度最佳文章，并获得了麦肯锡奖（McKinsey Award）。

第4章"企业因何而生"（What is a Company For）是我在英国皇家艺术、制造与商业促进会（Royal Society for the Encouragement of Arts, Manufactures and Commerce）论坛上发表的演讲，在伦敦举行的这次论坛是为了纪念20世纪80年代初的英国改革倡导者之一迈克尔·尚克斯（Michael Shanks）。在这篇文章中，我提出了一些质疑，即：随着我们进入一个相互依存的社会，股东与其说是企业的所有者，不如说是投资者，传统意义上认为企业是股东拥有的财产的观点是否依然可行？未来谁才是企业财产真正的受托人呢？这篇文章后来引发了人们对"明天的公司"在社会中担任的角色和责任的重大关注。

再浏览一遍上述文章，除了一些细微的数字上的更新，我对于自己所写的内容并无遗憾，也没有需要修改的内容。世界仍在如我所预料地发展着，痛苦是巨大的，但是改变又微乎其微。我对未来的种种可能性持乐观态度，但对人们把握这些可能性的意愿感到悲观。

本书的其余部分是我在英国企业家协会（Britain's Institute of Directors）主办的期刊——《企业家》（*Director*）杂志上刊登过的31篇短文。在过去的5年里，我得到该杂志的编辑斯图尔特·洛克（Stuart Rock）及其同事的邀约，每两个月可以就我想到的任何有关英国企业界读者、高级管理人员和企业家感兴趣的话题发表一些文章。我并没有删减并按时间顺序排列这些文章，因为它们就像日记一样，记录了我当时所关注的事情。

谈到这里，我意识到当时我提出的31个观点至今仍然有效。令人惊讶的是，情况并没有发生太大的变化。据我观察，无论是国家、企业还是个人，都没有努力去改变自己的命运。除了一两个例子之外，这些文章似乎都没有过时，在杂志编辑指导下，我的想法是针对特定事件有感而发的。现实却令人沮丧，人们无所作为，生活仍然按照预言我行我素地继续。

英国和大多数欧洲国家一样，被自己悠久的历史与零星的辉煌所束缚。因为历史悠久，人们觉得未来的到来还有很长的时间。我们也许会感到诧异，所有这些文章的前提是奉劝大家不要守株待兔。我们可以塑造未来，虽然时间已经所剩无几。但如果因为过去的羁绊错过了未来的发展，对我们而言将是莫大的悲哀。

BEYOND CERTAINTY

第1章

拥抱不确定性：一个人的征程

在过去的十年中,很多事情都已经斗转星移。十年前,我们认为知道自己身处何处,想要到达何方,以及如何到达。在国家内部,我们正处于里根(Reagan)和撒切尔(Thatcher)时代的鼎盛时期,在当时看来产品是多多益善的,如果能把好价格和质量关,就能生产出更多的产品。就个人而言,虽然更加谨小慎微地谈论成就和个人财富,但我们认为贪得无厌或许也是件好事。大家知道或者自以为知道该如何管理企业,教授不同的人追求卓越方法的管理类书籍第一次登上了畅销书排行榜。这是一个确定无疑的时代。

从某种意义上说,那是一段令人陶醉的时光。确定性有其诱人之处,令人欣慰的是,乔治·奥威尔(George Orwell)关于1984年的悲观预测是错误的。他在《1984》一书中,以确定性的另一种形式描述了作为主角的"老大哥"监视一切、掌管一切的做法。我作为一个对事物持怀疑态度的爱尔兰人,起初对这样狂妄的信心是心生疑虑的。但是,当我听到沾沾自喜的同事在股票和房地产市场屡有斩获,他们的奖金和房价不断飙升,或者人们最近为英国在福克兰群岛(Falklands)的胜利㊀欢欣鼓舞时,伴随着正义一方取得胜利,我感觉世界已经恢复了正常的秩序,原有的疑虑烟消云散。我甚至写了一本名为《解读组织》(*Understanding Organizations*)的书,认为这样的组织是可以被

㊀ 指1982年英国与阿根廷之间的福克兰群岛战争。该群岛应称马尔维纳斯群岛,英国称之为福克兰群岛,2016年3月,联合国大陆架界限委员会判定,马尔维纳斯群岛位于阿根廷领海内。——译者注

理解的，其行为也是可以被预测的。

有一段时间这种令人陶醉的时光似乎没有尽头。在1987年夏天的那段黄金岁月里，我完全陶醉在股市的飙升和房地产的繁荣中。一个开发商找到我，问我在伦敦郊区的公寓以什么价钱出售。10年前，我们花了1万英镑买下这栋公寓，而且一直都非常喜欢住在这里。但在1987年，任何东西，甚至是一个人珍爱的家都会被明码标价，所以我告诉这个开发商说，"100万英镑"。"成交。"他说。我也被自己大胆的报价吓了一跳，我冲进厨房，告诉诧异的家人说我马上会成为百万富翁。我和妻子吩咐各自的律师开始起草售房合同，我们则动身前往意大利庆祝25年来最幸福的结婚纪念日。在那里，我怀揣着满满的自信和被物质膨胀冲昏的头脑给她在托斯卡纳（Tuscany）买了一栋别墅。有什么理由不这样做呢？在那个年代，一个腰缠万贯的学者还能为他的妻子做些什么呢？

当然，我应该知道世界上存在一种曲线逻辑，没有什么是永恒的。曲线最终总是会向下弯曲，但是知道曲线何时会弯曲的人才是智者。只是有一段时间，我们都认为在许多方面发现曲线摆脱了原有的地心引力，人们在处理人类事务的过程中以为自己懵懂地发现了放之四海而皆准的万物理论（Theory of Everything），能够复制在各个领域中取得的成功，并由此带来社会繁荣，而且有了它整个世界都将和平安宁。

10月第一周的星期四，我们从意大利回到伦敦。那天晚上，

第 1 章　拥抱不确定性：一个人的征程

根据英国广播公司（BBC）电视节目中的天气预报，法国海岸外的比斯开湾（Bay of Biscay）正在形成一股小型的台风。在那些日子里，就连天气预报员也言之凿凿地说："相信我，这里不会有台风。"而就在那天晚上，英格兰南部遭遇了200年以来最严重的台风袭击。英国并没有对台风做好应对措施，因而损失巨大。伦敦停电了，这对下一个即将到来的星期一来说无疑是个凶兆。当黑色星期一到来时，全世界的股票市场一泻千里。

几天之内，我那价值百万英镑的买卖就泡汤了。在开发商眼里，这样的交易就不要再梦想着赚钱了。我现在有一栋既需要又买不起的意大利别墅，确信无疑的妄念就这样把我自己给耍了，然而这只是一件琐碎的私事。更严重的是，事物的确定性普遍土崩瓦解，现在世界上又弥漫着迷惘、不确定和怀疑的气氛。甚至传统的敌人也开始以非传统的方式来对付我们。戈尔巴乔夫（Gorbachev）曾对里根说："我们有秘密武器，不再是你的敌人了。"的确，有人告诉我，尽管五角大楼为应对"冷战"中的每一次突发事件都制订了计划，但对赢得这场战争并没有稳操胜券的把握。

在同一时期，博斯基（Boesky）⊖和其他人的贪婪把自己送进了监狱——这在他们的计划中可从未出现过，与此同时，一个又一个优秀的标杆企业跌落神坛。当房子的主人发现他所负

⊖ 博斯基，美国人，俄国移民后代，华尔街传奇人物，人称"股票套利之王"，于1975年成立自己的股票套利公司，后被美国证券交易委员会起诉内幕交易，被判3年半监禁。——译者注

担的抵押贷款超过房价的下跌幅度时，资产已经变成了负数。当许多市场的宠儿发现职业生涯戛然而止时，伦敦二手市场保时捷汽车的价格也在大幅下挫。

过去十年中的中间几年，是一个令人感到困惑的时期。在多米诺骨牌被推倒前我们曾有过短暂的欢愉时刻，但是我们取得的都是得不偿失的战果，由此遗留下来的问题比当时需要解决的问题还要多，这些恰恰是现在的胜利者所需要担心的问题。我们兴高采烈地试图把资本主义哲学引入其他世界，确定对我们如此奏效的事物也会对他们同样有帮助，但这种确定性并没有持续多久。

在那段时间我又写了一本书：《非理性时代》。该书主题的核心哲学是世界的变化已经很明显而且是非连续的，变化不再是依靠过去趋势对未来的直接预测。我认为，当变化已经以非连续的形式存在时，昨日成功的过往与明天所遇到的问题就几乎没有关联，墨守成规甚至可能会把事情搞砸。世界的每一个层面都必须在一定程度上被重新构建。确定性消失了，新的尝试开始了。另一位爱尔兰人萧伯纳（George Bernard Shaw）说："未来属于不按套路出牌的人，向前看而不是向后看的人，只对不确定性有把握的人，有能力和信心以完全不同的方式思考的人。"我相信，万物皆有不同——组织、职业、学校、社会，大部分事物应该本来就有差异，我们真正要学习的是用全新的方式应对即将到来的生活。

在我上学的时候，没有学到我现在还记得的任何东西，只记住了一个隐含的概念：生活中的每一个主要问题都已经被解决了。问题是我还不知道答案。那些答案在老师的脑子里，或者在她的讲义里，但我对此一无所知。在那个确定无疑的世界里，教育的目的是通过某种方式把老师的答案传递给我们。这是一个荒谬的假设。多年以后，当遇到一个我不熟悉的问题时，我就会去找专家。我从来没有想过，在这个充满确定性的世界里，有些问题却是崭新的，或者我可能会找到自己的答案。我的能力不断地退化，自己的潜力也被掩盖起来。

我最终意识到，学校所学的那个隐含的概念不仅是荒谬的，而且是错误的。世界不是一个未解之谜，等待着偶然出现的天才来解开它的秘密。整个世界，或者说世界的绝大部分是一个等待被填满的空间。这种认识改变了我的生活。不需要再等待和观察问题要如何解决，我可以跳起来自己解决问题，可以自由地尝试自己的想法，创造自己的场景，创造自己的未来。生活、工作、组织都有可能以不合常理的方式构建自我实现的预言。

我知道这样做会有风险，也不可避免地会犯错误，也许会铸成大错。明智的做法是听取忠告以及智者的意见，但也不应该盲从；应该在下水之前测试一下水温，但是要记住一旦下到水中，在每个池子中都会感到温暖；必须学会原谅自己有时犯下的错误，但要记住找出犯错的原因。令人欣慰的是，糟糕的记忆往往伴随着创造力。由于记忆上的懒惰和健忘，我很少有精力去阅读我应该阅读的专著，也没有精力在适当的时候去引用它们。认为自己正在创造一个世界，而不只是在复制这个世界是件更令人兴奋的事。

如果确定性不再占据主导地位，那么这种思维方式和生活方式在生活的许多方面都至关重要，包括对企业、学校和政府的领导力建设，以及人际关系、养育子女与生活本身。有趣的是，科学也从最初寻求完全的确定性和可预测性，转而开始对混沌、创造力和复杂性进行研究。如此看来，事物的核心是空间和随机性。如果学习了更多的科学知识，我可能早就可以知道这一点，但如果要使这些事情有真正的意义，就必须亲力亲为。

如何看待世界的新方法已经改变了我的生活，我的兴奋之情溢于言表。有一段时间，我为之欢愉的是这种方法为世界打开了一扇窗，对我们每个人来说可能创造出了一种生活方式、一种职业、一个组织。然而，当我在世界各地谈到这个话题时，才逐渐意识到在世界各地的组织中，虽然领导者的肤色和其所在的岗位不同，但对于大多数人来说，确定性的终结并不受欢迎。大部分人对此毫无准备，宁愿有约束也不愿有空间，宁愿有"轨道"也不愿有"旷野"，即使这条"轨道"不能通向天堂。对许多人来说，一旦确定性消失，世界将是一个懵懂之地。

人们不再知道他们想去哪里，或者该如何到达。对整个世界而言，少数人的富裕最终并不能让所有人都富裕起来。事实证明，市场非常适合做交易，但不适合用来盖房子。家庭可能是一件充满束缚的紧身衣，但至少还是一件外衣，可以用来抵御严寒。工作可能很无聊，但会使人们度过充实的一天。许多人想"回归本源"，正如英国的约翰·梅杰[⊖]（John Major）在今年将其作为竞选口号时所提及的自己的感受，但并没有人知道本源是什么。确定性已经杳无踪迹。

事实上，如果生命不仅仅是一次基因传承，我们甚至不能确定生活本身是为了什么。作为企业的组织，真的值得你放弃生命中最美好的时光，让股东暴富吗？一旦人们有了足够的钱来生活，又为什么还想要财富呢？如果在我的墓旁有一块墓碑，上面刻着"查尔斯·汉迪长眠于此，他为自己的挥金如土而感到自豪"，这绝对不是我想要的不朽形象。生活中一定有比消费更多的内涵。然而作为社会及个体，最终被人们记住的不是如何赚钱，而是如何消费。看看意大利文艺复兴时期就知道了——让人们激动不已的天才都在这个时期得以尽情发挥自己的才能，然而这一切都是由那些卑鄙的银行家花钱促成的结果。生活的确令人感到矛盾重重。

于是我又写了下一本书《空雨衣》，开始部分列出这些令人感到矛盾的问题。这本书的观点比上一本更加悲观，问题多于答案。这是不可避免的，当确定性消失时，我们每个人都必须找到自己的答案，但我希望这件事是在他人的帮助下完成的。事实上，如果没有他人的帮助，我们不仅自己会跌倒，而且会

[⊖] 约翰·梅杰，英国政治家，于 1990～1997 年出任英国首相。——译者注

拖累其他人，因为现在社会和世界已经盘根错节地交织在一起。从物质上来说，生产者需要消费者的支持，也需要其他企业的支持才能为消费者提供产品。世界总是存在矛盾，抑或一个空无一物的世界才能使你最大限度地成就自己，但是我们最终需要依靠别人的帮助才能找到生活的意义。

将这些不言自明的道理转化为行动的良方并不容易。我发现这其中包括让人们接受我的关于成长过程的一些理念，或者至少可以把它们与其他想法联系起来。例如，前进之路往往是妥协，而不是胜利的结果。如果妥协听起来不顺耳，也可以称之为平衡。如果企业想要保持员工的专注性和创造力，同时在管控需求和员工自我管理的压力下找到有益的折中解决方案，就需要给予员工超出企业预期的更多的自由空间。在我自己的生活中，曾经有一段时间，我似乎必须把所有的时间和精力都投入到工作中。"你的工作进展得这么顺利，我真为你高兴。"我妻子有一天对我说，"我只是想让你知道，你已经变成了我认识的最无趣的人。"我因此调整了生活的重心，也许现在我的事业不太成功，但我希望自己变得更有趣。

各国政府应该关注阿瑟·奥肯⊖（Arthur Okun）提出的理论，如果想造福所有人，开放市场中"看不见的手"需要通过"看不见的握手"来平衡。人们并不总是记得亚当·斯密不仅写过作为资本主义圣经的《国富论》(*The Wealth of Nations*)，还写过

⊖ 阿瑟·奥肯，美国经济学家。——译者注

他认为更重要的另一本书——《道德情操论》(*A Theory of Moral Sentiments*)。他认为同理心与适当地尊重他人是文明社会的基础，为了财富和效率而存在的市场，需要以文明为基础的同理心来平衡。然而对于那些与素未谋面或点头之交的人，你也不会给予太多的同理心。我们需要与不同的人接触，就像需要与自己的同类合作以获得舒适感和安全感一样。贫民窟的存在对富人与穷人都不是件好事。如果要说服富人对穷人进行投资，我们就需要改造城市和组织。假如富人不这样做，他们自己可能很快就会变成穷人。

对我而言，过去的十年是一段智慧之旅，我相信这段旅程反映了一个不断变化的世界。我从确定的世界出发，来到一个不确定的世界，这个过程中充满激发个人潜力的兴奋。现在的状态是"我"和"他们"之间必要的妥协，使"我们"一起出现在生活的各个领域。其他人可能也曾经经历过这样的旅程，但我们每个人都必须找到自己的路，即便最后的结果是殊途同归。我希望世界按照这种趋势发展，因为随着"冷战"时期的终结，资本主义现在成了它自己最大的敌人。我们必须证明能够在个人自由的基础上建立一个公正的社会，这种自由不会变成放纵，也不会变成以牺牲多数人为代价而成就的少数人的暴政。

我感觉我们现在站在山巅，下面是一片广阔无垠的土地，没有道路可以通行。我想每个人都可以开自己的越野车独自上路，一直开进夜幕，不管结局是好是坏。但比这更糟糕的是，我们和自己的朋友一起跳进坦克车，一路冲向未来，碾压一切，让其他人不得善终。我现在确信修建让所有人都能通行的道路会是更好的做法，但这意味着要放弃一些个人利益，最终才能让所有人都能受益更多。我担心在社会、城市和组织里不会有人这样做，直到有一天人们对这段旅程的全部意义有了更好的理解。生活的意义再次被提到议事日程的首位，有企业愿意把涉及自身的那部分内容称为使命宣言。年轻的时候，人们忙着旅行，但不知道要去哪里。然而随着年龄的增长，人们对未来的担忧也与日俱增，只有在回首往事的时候才会放眼远方。因此，我把希望寄托在成熟的年轻人身上，他们年轻到心中还有希望的火光，也成熟到能够关心在确定性消失之后世界会发生什么，我想我就是这样的人。解决问题的困难在于必须要把自己的想法付诸实践。智慧之旅没有终点。

在丁尼生⊖（Tennyson）所写的精彩桥段中，奥德修斯（Odysseus）在奥德赛（Odyssey）⊜之旅即将结束时，对水手说：

来吧，弟兄们
追求美好的生活永远不迟
大家坐好
开始划桨吧

⊖ 丁尼生，英国诗人（1809—1892）。——译者注
⊜ 《奥德赛》讲述了希腊英雄奥德修斯在特洛伊战争中取胜后及返航途中的历险故事。——译者注

> 理想为帆
>
> 划破喧嚣的海浪
>
> 迎着落日的余晖
>
> 沐着西方的星河
>
> 至死方休
>
> 虽然已经力不如昔
>
> 依然要去撼天动地
>
> 岁月、命运使我们步履蹒跚
>
> 怀揣着不屈的心
>
> 怀揣着坚定的信念
>
> 激励我们奋斗、探索、追寻
>
> 从不屈服

奥德修斯从未驶达"日落之地"。最终他回到了老家和王国的所在地——伊萨卡（Ithaca），但发现那里已经是一片狼藉。正是在那里，他出生的地方，他创造了自己的"新世界"。现实是无法逃避的。我们的未来也在自己的旧世界中，如果能学会以不同的视角看待它，并拥有坚强的意志，就一定可以改变这个旧世界。

BEYOND CERTAINTY

第 2 章

即将来临的职场文化

第 2 章 即将来临的职场文化

在我们眼前,一场声势浩大的职场变革正在进行。写字楼整层空置,企业管理层集体被扫地出门,全体后台支持团队的员工都被告知要自力更生。据《华尔街日报》(Wall Street Journal)的报道,新增失业人口中有75%来自经理、专业人员、行政和技术人员,而且这一比例还在上升。

这些问题并不是经济衰退造成的,经济衰退只是企业组织长期发展趋势中的暂时现象。推动职场变革的是全球市场日益加剧的竞争。价格战和质量战正迫使企业将原有的员工队伍缩减成强有力的核心员工团队,这些核心员工的唯一职能就是满足客户的需求,而管理人员的唯一职能是发现并留住这些客户。其结果是企业大批量裁员。不参与企业核心业务的员工——企业内部的厨师、律师、会计师、公关人员、美术指导、保安、银行经济学家和自动取款机的维护人员,如果企业需要,他们很快就会发现自己与前雇主之间会产生一种新的雇用关系。他们将或多或少地成为企业契约交易网络中的独立参与者——批发商、计件工、咨询师、调解人、各种类型的拥有各种学位的"临时工",具体岗位依据他们从事的不同行业和技能决定。

从企业的角度来看,大裁员是完全合理的。如果企业一周只需要员工工作两三天时间,为什么还要让人们全职工作呢?更好的做法是让员工先离职,然后再把他们雇回来。企业支付费用,而不是工资或薪水。费用根据人们完成工作的成果支付,工资和薪水按工作时间支付——两者不尽相同。长久以来,企业里到处都是为了让自己保持忙碌而"发明"工作的员工，他们占据着办公室，而在每周128个小时的法定休息时间，办公室都是空的。企业这种安排是可行的，原来市场竞争并不激烈，价格只要买家可以承受就不存在问题，而不是像今天这样，要通过与竞争对手比价来决定企业管理者能够承受的产品价格。当生产企业主要由装配工人来装配产品时，这种安排也是必要的。但是，现在的企业经常需要员工用头脑来汇集知识和信息，管理者不再需要千篇一律地关注空间、时间和任务。当然，与此同时，工厂也正在用每周可以工作168小时，通常不会罢工的机器来取代工人的工作。你想把这称作什么都可以——企业在为生存而斗争的过程中的解脱、抛弃，社会资本的改革或新的简单粗暴的转身。这次大裁员造成职场世界的巨大变化，创造了新的机遇与风险格局，迫使我们以新的思维方式思考工作、事业与待遇，这会完全重塑我们的生活。

据最新统计，在组织中从事全职工作的人数不到所有成年劳动力人口的一半，这一统计数据在欧洲和美国都是真实的。其余的则是个体经营者、兼职或临时工、失业者、监狱服刑人员，或者是经济合作与发展组织（Organization for Economic Cooperation and Development）所称的"无薪家政工人"（unpaid domestic workers，UDW）——人们不费力气就可以猜中他们中的大多数人是什么性别。如果你认为"工作年龄"这个概念可以将实际工作的年限无限延伸，或者至少可以延伸到70岁，那么传统组织的全职工作人员在劳动力人口中所占的比例将进一步下降。

究竟发生了什么？从本质上说，职场的新格局像一个三层结构的同心圆。处在核心层与和最外层的人大家都很熟悉。占据着企业内部核心位置的是企业的管理者，这些管理者几个世纪以来在商业社会中一直很活跃——企业的创业者殚精竭虑致力于企业的发展，当创业者精力耗尽时，训练有素的管理者会接管企业，接着会有专业的下一代管理者取代原有的管理者。企业的核心群体还有技术、营销和销售人员，他们负责获取顾客的信息，发现并满足顾客的需求。这个核心层的境况很好，得益于新的"1/2∶2∶3"企业法则，即给剩下的一半员工发两倍的工资，使其产生三倍的贡献。

同心圆的最外层充满了大量可被替换、企业可随意支配的员工，他们的境况很可能不比原来好多少。他们是"工作总得有一些人去做"这句话中的"一些人"——技能最低的白领与蓝领，服务行业的基层服务人员。他们中的许多人（也许在整个群体中所占的比例越来越大）将无法产生足够的价值来平衡企业所支付的费用，并很快将完全退出劳动力队伍，成为整个社会的负担。社会最终在教育、职业培训、公共服务、警察或监狱、无家可归者收容所和福利方面是否可以承受由此产生的负担，将会是一个很严峻的问题。

我们在同心圆的中间层发现了一些新的契机。这些人由于选择或环境的原因，发现自己置身于所在企业的核心层之外。我称他们为组合工作者。当自己的孩子大学毕业的时候，我会反复跟他们提出"我希望你不要去找工作"。我不提倡孩子过懒散的生活，也不提倡他们过边缘化的生活。我的意思是，他们不应该在企业里神不守舍地寻找晋升的台阶或按部就班地发展，而应该去开发一个产品、一项技能或者服务，组成一个组合工作产品，然后出去寻找客户。

我不会轻率地提出组合工作的生活方式。在这个问题上，我们中的一些人将别无选择，而有些人会心甘情愿地选择这种方式——一些人会满意，一些人会后悔。无论如何，进入职场的组合工作领域将迫使我们重新思考生活中的许多基本假设。

首先，我们将不得不放弃线性思维的模式——人们都愿意认为，生活这条线总是向上发展的，就像我们自我规划的那样。采用组合工作的人不能把工作看成一条直线，认为一份工作会带来另一份更好的工作，以所谓的成功（或失败）告终。其他方面也不能按此种方式思考——家庭、欢愉还有义务（社会工作、个人职业或教会工作），但是连同他们的工作，人们都在用这种直线思维思考自己的生活。

与此相反，采取组合工作的生活方式迫使我们以圆形思维方式来思考，就像一个饼图，不同的部分代表不同的职业，每种颜色代表人们获得回报的种类和程度。有些职业的报酬是金钱，有些则是其他类型的报酬：爱、创造性的满足、权力、快乐等。当然，这个饼图也将不断变化，各部分的尺寸根据时间投入此消彼长，代表投入与回报的颜色会忽明忽暗，这不仅反映一个人多年来的生活，而且以星期甚至天计算。

有些人可能会把这称为工作与生活一体化的生活方式，从而给它一个新时代的定义。但在我看来，它更像是和我一起在爱尔兰农村长大的人们的生活方式。那时我从来没见过有人去办公室工作。我认识的人中，有自己耕种田地的农民、在自家客厅做手术的医生、住在商店里的店主、住在学校里的老师，或者像我父亲一样住在教堂旁边的教区里的牧师。家和办公室、事业和爱好、同事和玩伴都混杂在一起。也许历史又回到了原点。但无论是饼图还是乡村生活方式，总的说来，大多数组合工作的生活方式迫使我们以不同的方式思考职业的概念。

对于采用组合工作类的职业而言，职业被赋予了新的含义。采用组合工作方式的人把不同的工作放到文件夹中，就像建筑师或新闻记者那样，通过展示产品来销售自己的服务，有时一个客户、一个项目就会将其占据。对于许多采用组合工作方式作为职业生涯第一阶段的人来说尤其如此，因为他们锁定了某个组织以获得经验和发展。但越来越多地，随着包括养育子女在内的其他责任越发需要时间和关注，随着权力和利益不断扩大，组合工作也将越来越多样化。通常来说，从事组合工作的人不会区分哪件工作是重要的。例如，不会有笔记本记录哪件工作容易完成，哪件报酬丰厚，哪件是"为了体现有爱心"，哪件是拙劣的（对客户或项目发起者来说），或者哪件实际上是助理的工作。

这种新的职业观念已经开始流行起来。公关人员、营销专家，甚至项目工程师和销售经理，都开始在某种程度上把自己当作演员，在新作品中寻找好的角色，而不愿意或期待永远把一个角色演到底。如果企业想留住最优秀的员工，就必须持续提供一系列的好角色，仅提供医疗保险的承诺对最优秀的职业人士来说是不够的。这种员工想要有挑战的工作和专业领域的发展机会，还要能赚到钱，他们会为此搬到任何能找到这些机会的地方去。

自己的事情自己做主——这是越来越多的人正在做的事。从某种意义上说，新的组合工作的层级是由女性开创，为女性而设并且由女性构成的。这并不奇怪。女性往往不被组织的"内部"所接纳，长期以来她们在那里一直特别不受欢迎。女性也不得不过着非常灵活的生活，同时兼顾工作、家庭和社会。女性也似乎比男性更清醒——男人通常会头脑简单地跟着组织的步伐亦步亦趋。如果在这种组合工作的生活中你想让什么发生，就必须拿起电话，让它发生。

在我看来有一点是毋庸置疑的：总有一天，我们都需要自己的组合工作，无论男女，还是企业内部或外部人士。现在人们生命持续的时间更长了，我们70岁时的健康状况就会像父母50岁时的一样。与此同时，无论预言家怎么说，对我们所有人来说，有组织的企业雇用将会提前而不是推迟终结。在21世纪组织精简到只保留最基本的职能时，退休年龄将为55岁甚至更早。当然，在那个年龄，退休这个词听起来也十分可笑。大多数人还将有20多年充满活力的生活。法国人喜欢称之为第三龄阶段（the troisième age），他们认为在经历了学习的第一龄阶段和工作的第二龄阶段后，我们会进入生活的第三龄阶段。但这个阶段的生活却并不全是休闲，除非我们非常富有，否则绝无可能。第三龄阶段将包括工作，最好是自己选择的工作，让我们感到有用和有价值的工作。在近一半的工作生涯中，几乎每个人都将从事组合工作——零打碎敲、东跑西颠、时断时续。为客户工作，而不是为了自己的职业生涯。

那些从第二龄阶段就开始为第三龄阶段做准备的人可能最喜欢这样的生活方式。因此，尚未开始准备的人应该尽快涉足组合工作的生活方式。企业应该明智地让内部人员做一些额外的工作，为他们工作之外的生活做好准备，比如企业可能会鼓励高管开始在东欧建立自己的咨询公司。如果企业不这样做，可能会发现自己的内部员工已经失去了作用。他们因为害怕外面世界的风雨，而固守着唯一所知世界中虚无的安全。为组合工作的生活方式所做的准备没有捷径，只能勇于尝试。这其实并不困难，你不再需要事事亲力亲为才能让组合工作充满活力。技术会让数据和技能唾手可得，一位女性都会获得过去只能在大型组织中找到的知识积累。

不久前我在寻找一个停车位时，看到一名男子坐在车里的驾驶位置上。"您要停多久？"我问道。

"我想大约三个小时。"他回答。

随之我看到汽车电话、手提电脑、传真都在他旁边的座位上。"天哪。"我说，"你在这儿有间办公室。"

"当然，这里的停车位比那儿的办公室便宜多了。"他用大拇指指着我们身后高耸入云的写字楼说。

现实情况也是一样，几周前在马里兰州（Maryland）巴尔的摩市（Baltimore）的一个早间广播节目中，我被邀请去做电话采访。这没什么特别之处，除了当时我所处的地方是芬兰的东安格利亚（East Anglia），那里是傍晚时分。人们现在已经不需要在同一个地点进行交流，甚至所处的时区也可以不同。

当然，在这种情况下人们的社交能力会受到影响，因为让所有人面对面的交流通常成本很高。无论怎样，人们在职场中的社交能力正在下降。上个月我参观了一家制糖厂，那里以前有150个工人围着大桶加工黏糊糊的原料。今天，这一切都是由机器完成的。每班只有一个工人值班，负责看着仪表盘，在紧急情况下用电话与工程师联系。值班的工人工资很高，但是有点寂寞。

我们也可以效仿这些组织的做法。既然他们不再事事亲力亲为，我们也可以这样做。每一家企业无论大小，本质上都是一个经纪人，一个将他人的技能和产品融合在一起的"焊接工人"。就像我做设计顾问的女儿在需要的时候会雇用建筑商。在当今的商业社会中，企业首先考虑客户的想法，然后经纪人帮客户实现想法，最后将已实现的想法交付给客户。创意和经纪业务不需要太多的资金，只需要想象力、倾听（客户）的能力，以及通过他人让目标实现的精力和能力。

组合工作的生活方式并不适合所有人。它以牺牲安全为代价，将自由最大化：这是一种古老的交换方式。正如一位经济学家对有组织的就业所描述的那样，如果没有"老板、下属和例行公事"，我们中的许多人就会完全迷失。没有人发号施令，没有上传下达的文件，一些人就不知道该怎么做；另一些人没有人左右他们，也不知道该做什么。两者都陷入了组织依赖的泥沼——"变成了别人的手"，成为供他人或系统使用的人力资源。

事实上，无论好坏，组合工作的生活对我们大多数人来说都将是未来职业生涯的选项。组织再也不会对员工进行储备，雇员社会正在衰退。我们需要新的模式，也需要新模式的助推者，他们将使新模式不那么可怕，政府也必须做出改变。人们希望一劳永逸地解决如下问题：让孩子在成长过程中既能向世界出售一些东西，也能给予世界一些东西。政府也必须解决这样一个问题：在这个新秩序中，无助者和失败者不会遭受太多痛苦，也不会给社会带来太多困扰。

BEYOND CERTAINTY
第 3 章

企业权力的平衡：新企业联邦宪章

作为世界上最古老的政治哲学之一的联邦制成了最新的研究课题。欧洲共同体、新独立国家联合体、加拿大、捷克斯洛伐克以及更多国家、地区和组织都在重新审视联邦制的真正含义。企业和其他组织也开始这么做。世界各地的公司都在进行重组，创建一体化的组织、全球网络和"更精简、更有意义"的企业总部。在这样做的过程中，不管是否意识到这一点，它们都将联邦制作为管理日益复杂的组织的原则。

将政治原则应用于管理问题的前景非常广阔，因为今天的组织越来越被视为小型社会，而非个人组织。因为提供了一种得到广泛认可的路径，联邦制的概念特别适合用来处理权力和控制之间的矛盾：通过划小工作单位以实现对大型组织的支持；鼓励有限度的自治；将多样性和共同性、个性和伙伴关系、地区性和全球性、部落地区和民族国家以及民族国家和区域性组织的诉求结合起来。只要改变部分视角，这些原本的政治议题就会出现在世界上大多数大企业高管的议事日程上。

因此，ABB公司（Asea Brown Boveri）的首席执行官帕西·巴尼维克（Percy Barnevik）将其庞大的"位于许多国家"的企业描述为一个联盟并非偶然。该企业由1100家独立的企业和21万名员工组成。约翰·埃克斯（John Akers）将IBM的重组称为迈向联邦制。总部位于巴塞尔（Basel）的汽巴精化公司（Ciba Geigy）最近从一个以矩阵结构设计的，围绕业务、职能和区域管理的金字塔管理模式，转变为一个控制着企业94%的支出，拥有14个独立业务单元的组织——一个实施了联邦制的组织。

尽管人们并不总是把其称为联邦制，但每个国家的企业都在朝共同的方向前进：美国的通用电气（General Electric）、强生（Johnson&Johnson）和可口可乐（Coca—Cola）；英国的大都会集团（Grand Metropolitan）和英国石油公司（British Petroleum）；法国的雅高酒店集团（Accor）；日本的本田（Honda）。数十年前，荷兰皇家壳牌（Royal Dutch Shell）和联合利华（Unilever）等老牌跨国公司也走上了联邦制的道路，原因是其海外子公司要求自治。因为联邦制不是一个静态的体系，企业也总是在调整组织架构，微调权力的平衡。

然而，联邦制也不只是企业重塑过程中的一个经典词汇，联邦制的理念熠熠生辉。例如，自主释放员工能力的信条；只要符合共同利益，人们就有权以自己的方式做事；人们需要通过良好的沟通、正确的意图和优质的教育来诠释这种共同利益；个人更喜欢被引领而不是被管理。这些理念已经深入到组织的内部，或者更准确地说，已经深入到组织的灵魂——成为企业每天处理业务的方式。要正确理解联邦制，与其说联邦制是一种政治结构或制度，不如说它是一种处事方式。

首先要改变的是组织架构，因为组织在试图处理现代商业活动中的矛盾时，会不断地改变。要理解联邦制的作用，我们首先需要研究这些矛盾，以及组织通过演变来处理矛盾的方式。通过研究联邦制的五个关键原则，会发现这个特定的政治理论如何能阐明这些矛盾，并为组织的实际行动指明前进的方向。

每一个组织都有差异，所以组织对于所处的困境不会有共同的甚至不变的解决方案。而联邦制组织的管理可能会特别劳心费力，因为它既依赖于正式的权力和明确的控制，也同样依赖于影响力、信任和同理心。但在面对当今盘根错节和不断变化的复杂世界时，组织走向联邦制是不可避免的。而对于不可避免的事情，人们最好去理解，这样才能从中受益。

第一个矛盾，无论是企业还是国家，组织都需要在做大规模的同时缩小经营单位。规模经济理论仍然适用，石油和天然气产业新油气田的勘探与开发所需要的资源，是任何小企业都无法拥有的。如果制药企业想要为其未来所依托的大型研发项目提供资金，自身足够大的体量也是必不可少的条件。规模做大以后，组织才会更少地依赖少数关键人物或外部专家。

与此同时，企业和国家也需要小而美的存在。各个小国和地区都在展示自己的实力，也要求被赋予更多的自治权。人们越发认同一些更加亲近和人性化的事物。即使身处城市中心，我们也向往田园生活，在组织中也是如此。小可能并不总是与美共存，但小的组织舒适感会更强，也更灵活，更有实现创新的可能性。

扩大还是缩小组织规模这一矛盾困扰着当今世界的政界和商界。在政治上，联邦制一直是传统的答案，尽管它的微妙之处并不总是能被政治家所理解。在商业领域，联邦制并非是企业总部扮演庄家角色，简单将权力下放给各个分公司，就像过去大型集团企业的做法一样。这样做会失去规模优势、集合分公司共同研发领先技术的能力，以及可能联合多个分公司技能的联合采购或竞标重要合同的优势。

联邦制不是一种简单的、把集团化企业置于一系列保护伞下的事业部制。这种做法会赋予撑伞的人太大的权力，而其对当地的市场需求、市场认知及联系关注得太少。这也不是简单地给在一线工作或位于不同国家的分公司授权的问题，其做法忽视了总部或集团内其他企业能够给予该企业专业知识支持的问题。

联邦制可以对以上这些问题做出反应，平衡组织总部、专业知识中心和运营、业务中心的权力。值得注意的是，巴尼维克谈到的是集中汇报，而不是集中控制，因为ABB公司的大多数关键人物都不在掌管全球业务部门和各国分公司的总部中任职。

联邦制组织的真正中心分散在各个经营单元中。他们可以经常见面聊天，但不需要在一起工作。在一起工作的做法是错误的，这样会将过多的权力集中在某一群体或某个地方，而联邦制则通过将责任分散到多个决策点来使企业获得优势与活力。ABB公司的做法看起来可能有些极端，它有一家名义上位于瑞士的私人公司，在全球雇用了8万名员工，但总公司却没有员工上班。

这样做也并非十全十美，还有人用个性（而不是权力）感染整个组织，用远见卓识把一切凝聚在一起。所有人都认为巴尼维克就是如此，他似乎会出现在世界各地，和经理一起主持研讨会，激励、提问并鼓舞人心。就像另一家跨国公司的首席执行官曾经说过的那样，"他是一位布道者"。联邦主义者的总部总是小到最低限度，它们的存在是为了协调而不是控制。

企业的第二个矛盾在于，尽管企业的管理者出于本能以集中控制的方式组织运营，但企业更倾向于将自由和开放的市场作为工作效率的最佳保障。

200 年前，政治哲学家埃德蒙·伯克（Edmund Burke）认为，中央集权总是会导致官僚作风，最终扼杀创新，消除个体差异，从而抑制发展。然而为了提高效率，企业却尽其所能在全球建立统一的业务。从逻辑上讲，如果位于美国密尔沃基（Milwaukee）的企业有什么解决问题的办法可以行得通，那么在英国曼彻斯特（Manchester）的企业也应该适用，而且如果办法确实可行，对于那些还在左顾右盼的企业来说，照方抓药的解决方案肯定会更加便捷。当然，企业的管理者对此也深信不疑：总部只有了解全部情况，才能做出使所有人利益最大化的决定。

这种想法很可能是正确的，但代价高昂。官僚主义让人无能为力，拖延和消极怠工到处蔓延。这就是为什么在许多企业重组的过程中，企业拆分后的业务价值总和反而超过了整个企业的市场价值。这类总部会对企业产生负面影响，或者换句话说，总部计划和控制产生的交易成本无疑超出了其本身的贡献。

"全球化思考，本地化行动"或许是处理这一矛盾的时髦口号，但只要一切实权都掌握在通常仍被称为"总部"之类的地方，这句口号就只是纸上谈兵。另一方面，一个空洞的企业很快就会缺乏方向、标准或任何形式的凝聚力。

一家英国家具公司有一条规定，该企业只向外发展，而不会向上发展，没有哪个业务部门的编制能超过100人。因此，随着公司的蓬勃发展，它建立了新工厂和小型化的分公司，每一家都自主经营，负责培养自己的客户，建立自己的专业技能。分公司都会将利润上交到总部，只有在必要时才利用总部和其他兄弟公司的资源。在经济高速增长时期，这一体系运转良好。但随着经济衰退和分配稀缺资源的需求，企业没有人运用权力、权威或知识来做出战略决策。如果任由地区分公司自己去思考战略问题，企业就无法放眼全球，有时反而会发现5个相互独立的业务部门在为同一个订单相互竞争。开放的市场经济本身并不一定比中央计划经济能更好地发挥作用，两者都需要通过一种机制——联邦制来给出折中方案。

"没有所有权就没有控制权"揭示了下一个矛盾。当买不起股份或可能不想把企业变成自己一股独大的时候，人们仍然有把生意当成完全是属于自己的买卖来经营的欲望，但独资企业帝国的时代正在成为过眼云烟。在一些国家，外资企业的持股比例限制属于法律管辖的范畴，因为民族主义反对一切蒸蒸日上的全球化趋势。无论如何，独资企业帝国的成本高，风险也太大。企业通过建立一系列的联盟与合资企业来扩大自己的业务范围是更经济和安全的做法。当百事公司（PepsiCo）和惠特布莱德公司（Whitbread）合资成立必胜客（Pizza Hut）时，百事公司需要惠特布莱德公司对英国娱乐与房地产市场的见地，而惠特布莱德公司则需要百事公司制作比萨饼的秘诀。要想做成生意，两者缺一不可。

然而，联盟企业的管理难度众所周知。企业只部分控股的公司不情愿接受来自另一个国家总部的订单，联盟企业也是如此。就像婚姻一样，每一段婚姻都是独一无二的，双方在一起生活不是因为受到彼此的约束，婚姻需要建立在双方更好地相互尊重和共同利益的基础上，而不是建立在法律文书和严格控制的基础上。在这种情况下，权力必须共享，自主权必须被赋予，企业间的婚姻也必须由信任和共同目标维系在一起，这是联邦制的两大主旨。

随着围绕核心业务活动和能力进行调整，世界各地的组织开始认识到，员工才是真正的首要资产。通常，只有在企业发生收购或兼并活动时，这一认识才会变得更加明显，此时企业（如果是一家好的企业）的价值通常是其有形资产价值的4～5倍。产生的溢价就是企业无形资产潜在的附加值，即关键的知识型员工所拥有的知识资产。

这些人力资产远非固定资产，可以在下周一就离开企业摔门而去。他们是新的专业人才，在很大程度上可能是高成就员工，认为自己的职业水准已经超越了组织，就像之前的医生、律师和建筑师一样，可以自己打天下。他们中有一个人对我说，"我的MBA学位是能力的证明，也是职场通行证"。她必须明白，一个专业人员的声誉是建立在已完成的工作成果的基础之上，而不是建立在其所获得的证书之上。但是她的出发点是明确的，这样的人希望组织能够认可他们的个人才能，并为个人贡献提供相应的空间。他们更喜欢建立在领导者和被领导者之间相互信任基础上的小型、自主的工作团队，团队要尽可能对自己的命运负责。当然，他们也希望鱼与熊掌兼得，更希望独立自主的团队成为企业大家庭的一部分，这个大家庭能够提供资源、职业机会和自身规模带来的影响力。因此，对他们来说，联邦制是一种让企业规模变大的同时又保持团队小而独立的体制。

面对同时存在的压力，企业正在进行调整与尝试。通过采取这种方式，企业或许可以通过解读几个世纪以来已经被定义的联邦制的一些基本原则，来为自己减轻一些痛苦。因为这五条已经被构建得很好但应用得并不总是很好的原则，很容易转化为商业世界的原则，也可以为企业的工作方式提供一个组织框架。

第3章 企业权力的平衡：新企业联邦宪章

辅助性原则是联邦制最重要的原则。遗憾的是，这是一个听起来如此不中听以及让人感到不舒服的词。这意味着权力会尽可能地处于组织中的最底层。辅导性原则长期以来一直是天主教教旨的一部分，1941年，教皇在对教会的通谕中说，"高层级的机构不应该承担属于低层级机构的责任。"国家不应该做家庭能做得更好的事情，是这一原则付诸实践的一个例子。"替别人做决定是错误的"可能是对这一原则的另一种诠释，这也是父母在孩子成长过程中一直在努力解决的问题。

所有的管理者都想替下属做出决定。辅助性原则要求通过培训、建议和支持，使下属能够更好地做出决策，只有当下属的决策会对组织造成重大损害时，管理者才有权干预。在航空领域，飞行教练允许实习飞行员犯错误，前提是该错误不会导致飞机坠毁。这是学员学习独立飞行的唯一途径。

在当前欧洲各国的辩论中，辅助性原则意味着权力属于欧盟的各个国家。只有在它们的同意下，布鲁塞尔⊖（Brussels）才能行使任何权力。这是反向授权的一种形式。1990年，英国石油公司实际上采取了联邦制的管理方式，将权力和责任下放给企业的业务部门。该企业必须决定总部需要保留哪些权力。总部列出了22项"保留权力"，但在与各业务部门进行讨论后，这些权力被精简为最重要的、影响企业未来发展方向的10项内容。在联邦制的体制中，总部只有在经过管理者同意的情况下

⊖ 欧盟总部所在地。——译者注

才能进行管理活动。

因此,辅助性原则是授权原则的对立面,并不是总部对下属的完全放任自流或简单放权。相反,权力被假定存在于组织中的最低处,只有通过协议才能剥夺。天主教会认为每个牧师在他自己的教区里都是教皇,就是在这个整体的大前提下运作的。当罗伯特·加尔文(Robert Galvin)告诉摩托罗拉的销售团队,他们在与客户打交道时拥有董事长的全部权力时,其做法如出一辙。如果认真对待的话,辅助性原则会产生一种令人敬畏的责任,因为它使个人或群体要承担所谓的"两种类型的责任"。

这也印证了统计学所分析的第Ⅰ类错误(简单地说,就是做错事)和第Ⅱ类错误(没有得到应有的正确结果)的区别。在传统意义上,我们根据第Ⅰ类责任来管理组织,以确保组织不会犯错。在辅助性原则下,人们也会根据第Ⅱ类责任来做出判断——是否抓住了每一个机会,是否做出了所有可能的改进?

为了实施的效果,辅助性原则必须制度化。采用联邦制的国家的各州都有自己的法律,通过谈判达成的契约为每个群体的权力和责任划定了界限。组织也需要契约。人们必须清楚谁能做什么,权力如何平衡,谁的权力在哪里可以发挥作用。如果这一切都通过见机行事或个体的善意行为来解决,强者就会得到更多的权力,从而使组织整体失衡。

最后,辅助性原则需要数据和信息的支持,足够广泛的实时数据可以给出全面的商业图景，只要数据足够详细，企业就可以精确地确定所要决策的事项。在电子数据交换出现之前，真正的商业系统思维是一种假象。如果员工要在考虑到企业整体利益的情况下履行其责任，就必须拥有支持决策的信息、充分的训练和解读这些信息的知识。如若不然，摩托罗拉的销售员工又怎能代表董事长进行决策呢？

由于信息技术所带来的无界限沟通的可能性，企业的总部应该而且可以变得很小。由于规模变小，总部就不能关注太多经营的细节，也无法掌控下属企业的日常运营工作。因此辅助性原则需要人们对自身的能力进行自我强化。1990年，罗伯特·霍顿（Robert Horton）在担任英国石油公司董事长后的第一个决定，就是将总部从伦敦金融城（City of London）的摩天大楼中搬离，并将其员工数量裁减一半以上。此举极具象征意义：对于新的总部（不再是总公司）的员工来说，新的角色定位用以下词汇表达也是如此——领队、协调员和顾问。把总部的一部分权力分散到业务单元，是执行联邦制的第二原则，英国石油公司做到了，也很可能会执行得更加彻底。

实施联邦制的国家的各个州之所以团结在一起，是因为它们需要抱团取暖，就像企业需要总部一样。从这个意义上说，联邦制不同于邦联制，在实施邦联制的国家中，各个国家不向中央交出任何主权，也不会试图从邻国得到任何帮助。各国只同意在某些重要问题上进行合作，这种体制将会土崩瓦解。

企业间抱团取暖的方式可以通过总部应用保留权力来实现，也可通过将所有企业所需的服务或设施集中设置在一个或两个区域内来实现。例如，企业的研发部门可以设在德国、美国和日本，但可以服务于世界各地的分公司。欧洲的计算中心可能由法国运营，也可能设在法国，但为所有欧洲的公司提供运营服务。在政治学中，这被称为多元主义理论——同时拥有多个权力和专业技术中心。

联邦制鼓励企业在适当的时机和适合的地点进行联合，而不是集中。例如，联合利华（Unilever）已将其欧洲洗衣粉制造业务从单个分散的国家撤回到一个地区，尽可能实现一个地区生产一种产品的规模效应。吉列公司（Gillette）将欧洲和北美的营销管理部门合并在波士顿，同时以此作为推出新型感应剃须刀产品的序曲。只有当企业出现过度业务整合或将所有业务全部集中在一个地方时，才会违反多元主义原则。

多元主义原则是联邦制的一个关键要素，因为它可以实现分权，避免独裁和中央官僚机构过度控制的风险。因为不同参与者的意愿不能忽视，它可以确保在较大的组织中实现某种程度的民主，其结果是产生联邦主义新的"多总部"格局，这个总部与其说是一个地方，不如说是一个网络。然而这种类型的分散管理是有代价的。总部仍然必须设立一个中心，用来开会、交谈和分享。电话和视频会议并不能代替真正的会议。员工乘坐飞机进行商务旅行和遇到红眼航班是不可避免的，但员工的这种付出是值得的。总部的分散反而把整个企业联系在了一起，各成员企业彼此间的需要构建了企业间互联互通的格局。

其结果是形成了一个由各业务单元组成的矩阵。这并非传统意义上的职能和业务矩阵，而是每一个业务单元利用公共资源和服务对其各自的全球业务部门和当地区域负责，无论这些资源和服务在何处都可以被有效利用。对于一个复杂的世界来说，这是一个复杂的组合，而且该组合将不断变化。联邦制是而且必须是灵活的，永远不会是静态的体制。

如果不就基本的行为准则、共同的交流方式和共同的衡量标准达成一致，相互依赖的机制即便可以建立起来，也不可能运作成功。如果要将欧洲发展成一个正常的联邦，就像在美国一样，以上这些做法将是基本要求。就企业而言，企业的基本法意味着一套基本的规则和程序，是一种企业运作的方式。ABB公司有一本18页的《企业圣经》，实际上就是它的基本法。大都会集团有一群总部的员工，他们带着公司的标准、习惯和文化周游列国。这些人通常被称为"文件搬运工"，即现代企业中的布道者，负责传播企业的语言和规则。

在大多数情况下，建立共同语言不仅意味着用美式英语交流，而且意味着拥有共同的信息系统，这样每个人都可以交谈——不仅是和对方的答录机交谈，也可以通过个人电脑进行交流。共同货币的意思很简单，即必须达成统一的计量单位，这样橙子才能与世界各地的苹果进行价值比较。虽然这些事情显而易见，但人们在匆匆忙忙的工作中往往会将其遗忘。太多的企业并购者在该创建这些共同准则的时候忽视了它们，或者干脆把它们留到以后更难创建的时候。

美国和其他联邦制国家认为联邦制的概念是理所当然的，尽管它很少渗透到商业组织中。与旧的君主政体一样，这些国家倾向于在任何可能的地方集中使用权力，以便把事情做好。然而，联邦制组织的成员更担心中央政府所做的事情可能并不正确，他们不希望看到一个地方或团体拥有太多的权力。德国目前已经决定将柏林作为首都，我们可能会看到这座城市将成为一块磁石，将商业、金融、艺术连同政府吸附到一起。届时，德国联邦制的影响将会被削弱。

今天，企业的管理、监督与治理越来越被看作是由独立机构完成的独立职能，即使这些机构的员工存在职责交叉。这种做法等同于在企业实施了三权分立制度。管理相当于担负行政职能，负责交付产品；监督相当于担负司法职能，负责确保产品按照当地法规交付且符合标准，遵守道德原则；治理相当于担负立法职能，负责监督管理和监控，最重要的是对公司的未来、战略、政策及发展方向负责。

当这三种职能集中在一个机构时，短期的职能往往会取代长期的职能，长期的管理和监督工作会占用治理所需的时间和注意力。企业的重大决策随之就会出现问题。劳埃德保险公司（Lloyd's）是由179家独立的保险公司组成的保险企业联盟，这三项职能目前由企业的法律部门统管。劳埃德保险公司的董事会主席必须由一名执业保险经纪人担任，实际上也是该公司的执行总经理，实行机构内部自行监管，其结果是该企业联盟经营得一团糟。1989年到1992年，企业账面亏损了37亿美元，以后还会更多。必须要对此承担损失的"企业联盟成员"与个人正在大声疾呼要求改革，这是可以理解的。劳埃德保险公司违反了联邦制的一项基本原则。

大多数企业正在另辟蹊径。许多企业现在已将董事长和首席执行官的角色分离，并设立了双重董事会制度，尽管他们没有正式命名，而是更愿意将执行董事会称为一个委员会或团队。同时企业设立了独立的审计委员会，有时也会设立独立的委员会来监督企业环境或社会责任。在英国和北美地区，负责治理的最高层级董事会不像在德国或日本那样由不同的股东代表组成。但越来越多的人认为，考虑所有人的利益是一种责任，尤其是对非执行董事而言。联邦体系中的治理最终是民主的，对它所依赖的所有利益集团负责，而不仅仅是对投资人负责。从长远来看，不能忽视其他群体的利益。

在一个联邦制国家，每个人都是两个地方的公民——自己所在的州和整个联邦。得克萨斯人（Texan）也是美国人，在许多热情的加州人（Californian）的房子外面，可以看到星条旗在高高飘扬。慕尼黑（Munich）的居民首先可能是巴伐利亚人（Bavarian），其次的身份才是德国人，他们的身份两者兼具。企业的信纸抬头也同样会印着两个标识，有些企业则会在信纸的角落里用小写字母印着"×集团的成员"。其他企业，如荷兰皇家壳牌，则把总部的标识放在了最重要的位置。标识的布局说明了很多关于权力分配的问题，但是两个标识始终都存在。

地方公民的身份几乎不需要再强化。事实上，联邦企业中的"州"本身往往实行君主制，由一位强有力的领导者领导。这其实并不矛盾。联邦整体的力量来自于"州"的强大领导——这是联邦制的另一个矛盾，但它确保了强大的地方认同感。

如果要促进联邦成员间的相互依赖，就越来越需要强调联邦公民的身份认同感。为了实现这一目标，企业会在升司旗时播放相当于国歌的司歌，发布"使命宣言"或"愿景和价值宣言"。这些宣言会定期在整个企业范围内让员工背诵——如果这些信条未完全被人们相信的话。企业的宣言是有作用的，因为它们会唤起人们更强烈的群体意识和更广泛的企业公民的身份认同感。但在最好的情况下，这些国歌般的企业宣言提供了如《日本的管理艺术》(*The Art of Japanese Management*)一书的作者理查德·帕斯卡尔（Richard Pascale）和安东尼·阿索斯（Anthony Athos）提到的"企业精神"。正如现实中发生的一样，他们描述的是当今的日本公司，然而这个传统却要古老得多。在伊丽莎白（Elizabethan）时代的英国，冒险家不会受到权力的束缚，只有对"女王大事"的关注才会把他们联结在一起。正是因为有了这种关注，后来他们才建立起一个帝国。

第3章 企业权力的平衡：新企业联邦宪章

联合利华每年都有一个广为人知的名为"噢！快乐起来"的年会，来自世界各地的高管齐聚一堂，听取年度业绩报告，并在不经意间庆祝作为除了国家公民之外的企业公民身份。如今，当企业谈到"共同价值观"时，人们会意识到将一个联邦体系凝聚在一起比企业扩张地盘更加重要，尽管后者更加实在一些。这相当于现代版"女王大事"的隐喻，找到与之对等的内容并将其表达出来是企业领导层面临的一大挑战。

企业的总裁还通过树立大企业的形象，将自己作为对外界、更重要的是对其员工的宣传大使，将联邦中的成员团结在一起。英国帝国化学工业集团（ICI）的前董事长约翰·哈维·琼斯（John Harvey Jones）爵士就深谙此道。他的音容为英国媒体所熟知，帮助这家大型化工企业贴上了人性化与技术化的标签。索尼（Sony）的盛田昭夫（Akio Morita）是另一位总裁级的宣传大使，他通过演讲、撰写文章和个人访问，不断强化其企业联盟的核心价值观。

从表面上看，联邦制是一种支持大型组织的结构和运作方式的路径。虽然它的存在不会对匹兹堡（Pittsburgh）或曼海姆（Mannheim）的高管或技术人员产生多大影响，但我们不能对其置之不理。在发达国家，有关激发联邦制活力的权利和责任的思想无处不在。职业精神的吸引力确保这种思维方式超越了组织的结构，进入了组织的运作、个人之间的关系以及人们所承担的任务。因此联邦制的思维方式可以扩展到当今组织管理的一系列准则之中。

权力必须从行使权力的人那里获得。这就是辅助性原则的真实含义。在由新型专业人员主导的组织中，你不能告诉人们该做什么，除非你已获得他们的尊重或认可，或者两者兼而有之。我们过去常说，权威来自于上层管理者，但那时是人们被雇用的时代，员工的时间被买来为公司工作。这一天早已成为过去，但所谓的"工具合同"仍适用于许多地方，特别是在经济衰退时期。然而随着越来越多的人把自己当成专业的自由职业者，会同时为多个企业工作，纯粹把人当作工具的合同变得越来越缺乏效力。

如果要将工作做到极致，专业人员就需要获得企业的认可，但这种认可他们可以认同或拒绝。这句话可能听起来很浅显，但有两个主要的和不容置疑的含义。企业的业务单元必须很小，这样人们才能相互了解，从而通过自己过往的工作成就记录赢得同事的尊重。人们必须通过足够长的时间来建立这些记录。工作口碑可以而且确实可以先于一个人进入新的工作角色，前提是必须是好的口碑。因此，讨论的前提是少于100人的业务单元，以及员工在此工作3～5年。那些认为自己的员工只是匆匆过客，认为只要正确定义岗位，员工就可以被替换和调动的组织，都不是实行联邦制的组织。每两年就以升职来奖励工作成就（如果可能）的组织，使员工很难在获得尊重和认可的情况下被管理好。

人们有权利也有义务在自己的作品上署名。辅助性原则要求人们通过在工作成果上署名以证明自己对该成果负责，这么做既有实际意义又有象征意义。新老专业人员都是这么做的。你的医生是独立个体，而不是一个匿名的"医疗主管"。电影和电视节目以长长的名单作为结束，名单上有所有人的名字，甚至包括最不起眼的小角色。大多数记者会在工作成果上署名，建筑师、律师、教授、服装设计师和艺术家也是如此。咨询公司现在会将所有项目团队成员的名字放在咨询报告的标题页上，广告公司的做法也大同小异。我新买的瑞士手表上有个标签标注着"杰拉德（Gerard）制作"。我们可能不想知道这些人是谁，但他们想告诉我们他是谁，这一点非常重要。在组织中这是一种积极的趋势，随着更多的工作由小型、分散的团队完成，这种趋势将会蔓延开来。

让人在工作成果上签名可能是提高工作质量的最好方法。出于个人自豪感以及避免受到诟病的原因，很少有人愿意在一款毫无价值的产品上签字。然而，联邦体制坚持认为，一个人的签名既是一种权利，也是一种责任，表明这个人为工作做出了个人贡献。英国一家艺术印刷企业的新任首席执行官在上任一个月后，召集全体员工开会，说道："我为这座大楼里生产的很多产品感到羞愧，即使顾客似乎已经接受了这些产品。今后，每件产品都将会附上一张写有'我们为完成这项工作感到自豪'的说明，并由制作产品团队的每一位成员签名。"他本以为大家会很生气，或者至少会闷闷不乐，但结果员工却欢呼雀跃。一位工人说："我们也感到羞愧，但我们以为这就是你想要的，以最低的成本制作垃圾产品。而现在你所要做的就是提供设备，这样我们就可以完成自己很乐意签名的产品。"

这些工人说得有道理。鼓励人们在自己的作品上签名确实有意义。企业必须有合适的设备和合适的员工（受过适当的培训，具备适当的资格的人），必须通过树立标杆或其他方式，让员工知道什么才是正确的标准。

自主权意味着管理空白的区域。辅助性原则和签名都意味着个人拥有很多自由裁量权。然而，无限制的自由裁量权对个人来说是可怕的，对组织来说也是危险的。因此群体和个体都应处于责任同心圆的范围内，这个同心圆分为两个层次：内圈包含了他们必须完成或已经搞砸了的所有事情——属于基本责任圈；外圈划定了权力的范围，也是权力所及的最大区域。两者之间是人们自由裁量权的范围，即可以在责任范围内自由采取行动的区域。这个区域等待有自由裁量权的人们来填充，属于第二类责任。

当然，个人的主动性只有在事情发生后才能判断。组织则更愿意在事情发生之前进行控制和判断，因为这样做安全性更好。但是这种做法也使决策变得更慢而且成本更高，需要假定那些高瞻远瞩的决策者能对事物洞悉得更加透彻。联邦制思想背后的假设是为个人主动性留出空间，那些高高在上的管理者可能对此并不十分清楚。这类假设指出：如果主动性工作得到的结果是错误的，要给予人们充分的信任和必要的宽容；在不能容忍错误的地方，人们就不会冒险采取主动的工作方式。"学会宽容"是联邦主义思想不可或缺的组成部分，可能也是人们很难习得的部分。

通过信任、同理心和宽容来进行管理听起来不错，也很温和，但实际做起来却很难。建立在信任基础上的组织有时是无情的。如果一个人不再被组织信任，就不会再被赋予空白区域的管理权。为了保持辅助性原则精神的完整性，不值得信任的人必须立刻卷铺盖走人。

这种做法使那些认为应该为雇用的所有员工提供终身工作和职业保障的组织进退两难。如果它们做出了错误的选择，如果信任被证明是错误的，组织必须要么放弃对员工的承诺，要么收回专业人员如此看重的空白区域管理权。似乎可行的做法是在组织给予员工终身保障之前，对员工实行长时间的试用制度，也可以跟员工签订更多的固定期限合同。与信任和宽容一样，领导者也需要强势的作风——这是另一个实施联邦制的矛盾所在。

双层级结构必要而且有效。在每个组织中都有一个清晰的层级结构，双层级结构则显示了工作团队层面上的相互依赖原则。有些人的资历原本就很深，在知识、经验或已证明的能力方面也高于其他人，所以薪水也比其他人高。从传统意义上分析，按地位层级划分，职位最高的人应领导团队完成工作任务。然而，如果这项任务需要一群拥有不同技能的人来完成，而其中一项技能对于任务的完成起决定作用，这时传统层级的做法就会失去意义。例如，在一家广告代理公司中，年轻的财务总监可能会对聪明的资深媒介购买专员表现出适当的恭敬，但谁是领导者毋庸置疑。在以任务为导向的层级结构中，任务的角色决定了人们的位置。然而在以任务为导向的会议之外，地位层级结构会以惯常的方式强调自身的重要性。

在专业化的组织中，双层级结构很常见，也必须如此行事。这种结构在企业中却很少见。但是随着技能变得更加专业化，随着以任务为导向的工作团队意识到自身是专业技能的临时组合，需要充分利用彼此的技能来完成工作，在实际工作中相互依赖——双层级结构将变得更加普遍。然而，这个理念也有相当大的副作用：允许年轻的专业人才在组织的其他人面前展示专业知识，组织需要给予他们巨大的鼓励，以便他们可以发挥聪明才智，出色地完成工作任务。与此同时，组织内部的人员需要一些时间来适应这种现象。尤其是如果地位较高的人偶尔要在下级的指导下工作，下级就需要表现出明显的自信。

区分组织层级结构和任务层级结构，可以使组织在不降低效率的情况下变得更加扁平。历史较长的专业组织通常只有四个级别，从实习生到合伙人、医学顾问、教授等其他的最高层级。天主教会有主教、牧师和执事，还有一位教皇，他是天主教会的总裁兼形象大使。商业组织也在效仿这种组织架构，尤其是那些主要由知识工作者组成的组织。人们发现四层级的组织结构已经够用，因为更多的工作会在团队中体现，每个团队都有相应的任务层级结构。

对自己有益的应该对企业也有益。这是双重公民身份原则在个人层面的延伸。专业人员相信日本人所说的"自我开悟"概念，他们知道如果不能持续地投资自身的学习和发展，自己将成为一种无用的资产。他们会要求组织通过支付相应的费用和提供休假来促进和鼓励自己进行持续学习。作为回报，他们对组织保持忠诚。但在更大的实行联邦制的组织中，这种忠诚不再是理所当然，企业必须从员工身上争取并不断加强员工的忠诚度。如果企业违背了促进个人发展的隐性（有时是显性）契约，或者未能认识到或利用一项重要的学习成果（或许是一种新的资质认证），员工就会感到没有必要再效忠于企业。

但是这种个人主义精神为职业标准提供了最好的保障，也为个人成就提供了最佳的动力，如果要使其真正发挥作用，就必须把这种个人主义运用到比自身更伟大的事业中去。联邦制总是特别强调更强、更广泛的忠诚或公民意识。圣奥古斯丁（St Augustine）曾说过，最大的罪恶是"只顾自己"。在今天依然如此。如果没有更广泛的公民意识，新专业人员所推崇的个人主义精神可能与自私自利的行为无异。

联邦制原则颠覆了许多传统的管理思想。特别是该原则假设组织的大部分能力在组织外部，远离总部；在组织底层，远离顶部。在联邦主义者的意识中，权力是被重新分配的，因为没有某个人和团队可以全智、全知、全能。集权制是有风险的，只有在危机时期才会被接受。官僚主义也会令人窒息。最好的做法是让百花盛开，即使其中掺杂着一些杂草。矛盾的是尽管联邦制不希望其总部有全能的君主，但其内部却需要强有力的领导者。选择并培养领导者将永远是总部牢牢掌握的保留权力之一。然而不能仅靠通过压缩联邦组织的规模使之强大并保持增长。其余独立的部分，无论是个体、团队、业务单元还是独立的企业，都必须能够感受到并成为更大的联邦组织的一部分。

联邦制并不简单，它用组织的复杂性来应对世界的复杂性。人们总是倾向于把统一的权威和制度强加于一系列复杂的目的之上，这样做忽视了外部更广阔的世界必然产生的多样性。在这个世界里，当今所有企业都是参与者。这种做法类似把和谐相处变成了众口一词。联邦制需要与这个时代同频共振——时代希望重视并尊重多样性和差异性，人们既想做自己的事，又想成为更大的组织的一部分，这个时代的人们追求有序的组织，而不是强加的权威。

在政治界，联邦制经过了多次尝试和考验，经常以失败告终，但其作为一种组织概念却产生了巨大的价值，其运行机制不需要企业再进行重新构建。我们已经知道联邦制应该如何运作。然而，让其运转起来却又是另一回事。历史上并没有太多君主或政治寡头自愿将自己的统治变成联邦制的案例。联邦制通常在较小的国家需要合并保留其身份时才会出现。只有在战争或革命之后，寡头政治才会变成联邦制的机制。因此，这里没有好的先例可言。我们必须尽力而为。

要做到这一点，需要组织中高层管理者的决心，他们要下决心为了获得动力而放弃一些权力。如果所有与之相关的人都知道正在发生以及为什么会发生这样的改变，如果他们能理解这些改变背后的初衷，事情就会变得容易一些。理解一直是改变的优质润滑剂。随着高层的决心和人们对改变的理解，企业或许可以在政治学的教科书上增加一个自愿转换到联邦制的案例。

BEYOND CERTAINTY
第4章

企业因何而生

在迈克尔·尚克斯纪念活动中的演讲，1990年

第4章 企业因何而生

1984年，迈克尔·尚克斯因意外英年早逝。原本我在他去世前和他有约，时间就在他去世后的一周，我现在已经不记得我们要谈的具体内容了。因为迈克尔是一个不折不扣的组合工作者，所以我们的谈话可能会涉及很多话题。在企业、政府或市场中，他游历了商业社会的各个角落，时刻关注的是如何使这个社会变得更加美好，这也是他的唯一愿望。他的离去对许多人来说意味着巨大的损失。

我很高兴也很荣幸被邀请来做迈克尔·尚克斯的第一次纪念活动演讲，我认为曾经在他的脑海中存在的，适合今天探讨的主题依然很清晰。在这个日新月异的世界里，人们必须正视这样一个问题："如今一家企业存在的真正目标是什么？"我们的规则、法律和制度是否反映了这一目标，或者是否妨碍了它的实现？

我想说的是，今天商业游戏中的一些规则妨碍了善意的参与者。我甚至认为，这些规则和传统正在导致一些乌龙球，使大家集体向自己的球门猛攻（如果我可以使用这样一个比喻的话）。在今天的演讲中，我将颠覆一两个众所周知的理论，尽管它们在企业中已经是神一般的存在。我真的认为我们可能已经出现偏差，至少应该对已经公认的理论成果提出质疑。当然，提出问题比给出答案更加容易。我只能勇于指出答案可能存在的方向，因为找到答案既不简单也不容易，但在我看来，找到一些新的答案是必要的，这将是人们向前迈出的一大步。事物的发展偏离当初的目标，曾经明智的做法现在看来可能是疯狂的举动。人们不必为过往所束缚。

当我开始思考这个问题时，我意识到自己正走在通往卓越的道路上。大约18年前，沃特金森委员会（Watkinson Committee）发布了英国上市公司的责任审计报告。报告中提到了上市公司所做的许多理智而明智的事情，但在这种情况下，光说漂亮话似乎并不能起到任何作用。我很高兴今晚在这里见到乔治·高德（George Goyder），因为正是他的《正义事业》（*The Just Enterprise*）一书——以一种奇妙的方式将正义的企业和威廉·布莱克（William Blake）这样的企业家融合在一起，让我开始思考这一切。今年早些时候，阿德里安·凯伯里爵士（Sir Adrian Cadbury）撰写了另一本关于该公司董事长的书，书中也探讨了一位善意的参与者——一家广受关注的大公司的前董事长所做的事。最近，人们围绕这个话题也举办了一系列有关短期主义的研讨会、讲座并发表了一些文章。我认为短期主义存在更大的问题，但人们的争论一直耐人寻味。对我最有帮助的是《经济学人》（*Economist*）杂志在1990年5月发表的一份关于资本主义体制的调查报告，以及美国公共政策研究所（Institute of Public Policy Research）最近发布的一份关于收购和短期主义的报告。我还发现，我与菲利普·巴森代尔（Philip Baxendale）的谈话也令我受益匪浅。在过去的10年中，巴森代尔在很大程度上试图改变现有的游戏规则，以使巴溪（Baxi）这样正直的企业可以生存下来。我列出了关于这个问题最杰出和最有益的探索，其实还有很多。这表明在许多领域中，人们越发对商业活动带来的意想不到的后果感到不安。

然而随着最近我访问南非和参加非洲人国民大会（African National Congress）会议，以及随后对匈牙利的访问，我对这个问题的解决产生了新的紧迫感。在南非，人们有些怀疑国家资本主义体制，但认识到健全的民主需要良性的商业体系。在匈牙利，人们渴望建立自由的市场体系，却失望地发现这么做首先造成的结果是40%的通胀率、污染和不断增加的失业人口。在这两个国家，人们都在扪心自问，一个企业的存在究竟是为了自己还是为了社会？我希望的答案是两者兼顾。但必定是在满足公共利益的基础上才能追求自我利益吗？或者我们需要认识到，当亚当·斯密身处一个比较简单的世界的时候，他鼓励你要爱自己和你的邻居，这只是因为你认识而且不能忽视他们吗？我们是否需要为一个新的、更复杂的世界制订新的规则？

企业因何而生？我在20世纪60年代就读的美国商学院给出的答案很明确，每堂课的黑板上都写着"每股中期收益最大化"。黑板上的字在提醒大家，不是短期收益和最优收益，而是最大化收益。当然前提是完美与理性的市场，以及那些聪明、精力充沛和睿智的经理人——这些正是当时人们在商学院所学到的知识。回顾过去，令人惊讶的是我们从来没有质疑过这一说法或其存在的前提。

然而，在那之前通过我自己的生活经历就应该可以颠覆这一说法。我曾是一家大型石油公司派驻偏远地区的一名基层经理。在看到公司的业绩公布后，每股收益及盈利能力并没有让我夜不能寐，也没有让我兴奋得早上睡不着觉。我当然知道，任何投资项目实施的前提必须是基于投入成本所获得的投资回报率，我的每一项投资也应如此，但我那时从来没有足够的时间来评估自己的投资是否达到了预期。我有其他事情要考虑，当然也不只是自己的社交生活。

例如，我必须和婆罗洲（Borneo）里江（Rejang River）上游200英里⊖的卡皮特村（Kapit）及其村长沟通处理问题。这里生长着大量可以用来制作巧克力的野生坚果，部落里的人把它们装进带着舷外引擎的独木舟顺流而下，卖给在卡皮特村的商人。他们做完了买卖想回去，但我没有预料到他们的需求，村里的汽油已经卖完了，汽船要花一个星期的时间才能把新一批汽油运上岸。我们是那里唯一的石油公司。这个小村庄没有地方住，也没有食物供给这些从部落来的人。我不是周围最受欢迎或最受尊敬的白人，且有可能利用目前的垄断地位，在新一批汽油到达前把价格提高两倍。但事实上，为了表示歉意，我以五折的价格卖掉了汽油。在卡皮特村的那一周，我对客户的关心远远超过了对企业每股收益的考虑。

我所在的商学院会辩称事实并非如此，这和考虑企业每股

⊖ 1英里=1609.344米。——译者注

收益毫无二致。如果你利用了客户，最终你会失去垄断地位，竞争对手会乘虚而入。也许这种事只会出现在完美的商业世界里，而不是20世纪60年代的卡皮特村。与任何可能的利润相比，进入那个市场的成本都会高得令人望而却步。我们公司在当地有一些垄断，这是所有小企业的梦想，但老实说，驱使我这么做的原因是维护自尊以及自身作为公司代表声誉的需要，与每股最高收益之间的关系相隔甚远，只是当时我自己理智的做法，与企业的股票并无瓜葛。

经过这次平常的商业活动，我清楚地意识到在现实的商业世界中，要准时交货，提供优质的产品、公平的价格，不欺骗像卡皮特村民一样的人，不扰乱当地的市场秩序，不为短期利益而乘人之危。我认为我的做法不是为一些匿名的股东提供收益最大化的服务。我确信自己有更为重大的社会职责，就像我在爱尔兰对自家姑妈说的那样，她曾抱怨我是家里第一个做生意的人。我也知道这是一种社会契约的形式，但需要利润来运作并持续经营。

我现在确定自己在美国商学院所学到的知识是错的。企业的根本目的不是为了盈利。获取利润的目的是为了把企业做好或制造产品，并且持续地把企业做得更好。20世纪60年代末，吉姆·斯莱特（Jim Slater）来到新成立的伦敦商学院与学生交流。他当时正处于事业的巅峰，很乐意向年轻人分享成功的秘诀："在英国商界，我是唯一一个对赚钱本身感兴趣的人。其余的人赚钱是为了去做别的事情。这让我可以很容易地以完全理性的方式看待资产和投资决策。"三年后,他的生意倒闭了。我从来没有问过他是否仍然有这种理性的思维方式。

获取利润是企业实现其他目的的手段而不是其目的本身,这并不是在玩文字游戏,而是一个严肃的道德问题。在日常生活中,那些把手段当成目的的人,通常会被认为神经质或有强迫征。就像我的姑妈,她对我们每个星期天去教堂的穿着打扮、跪在地上的姿势以及携带的祈祷书关心备至,但她似乎并不理解神学,对布道或祈祷的内容也没有丝毫兴趣。圣奥古斯丁说过,在伦理道德层面,把手段错当成目的是自取灭亡,是最大的罪过之一。

可以明确一点,企业的利润——良好的利润,总是至关重要的,而且不仅仅是在商业领域。但获取利润就是企业目标的误区很难消除。我参加了一个企业高层管理人员的会议,他们正在讨论新的企业使命宣言,宣言表明企业要为客户、社会、员工和环境服务,他们的热情不亚于企业的股东。在被要求就工作重点发言时,企业的首席执行官说:"在紧要关头,我是一个负责守住企业盈亏平衡点的人。"全场欢呼起来。他是个有男子汉气概的人。我想知道,员工为什么欢呼?他们不是股东,公司没有财务危机,这么做对他们来说也没有任何好处。企业要成为行业中的佼佼者,成为最具创新力的、最受尊敬的甚至是最大的企业,不是更令人兴奋吗?但是他们想要的不是这些,他们想成为最赚钱的公司。沃特金森委员会说，"利润是企业好坏的主要衡量标准。"但标准是为了衡量什么，又如何能将衡量标准当成目标？这就好比一个人打板球是为了获得好的击球率，这种想法完全是错误的。你需要好的平均分才能继续在最好的球队里打板球。

第二个误区同样普遍存在，即投资人拥有公司。在这种情况下，企业的目的将是满足企业所有者的要求，可能是或不是最大化每股的中期收益。例如，人们有时会在历史悠久的家族企业中发现一种使命感，这种感觉给我留下了深刻的印象。"我们的企业经历了两次世界大战。"在比利时，一个家族企业家表示，"但他们还在指望着企业生活。"他指了指包围着工厂的小镇房屋的屋顶，这家企业一直是小镇几代人主要的雇主。然而，大多数上市公司的股东并不会从企业的高处俯瞰企业的持股情况。正如《经济学人》杂志曾经描述的那样，他们更像是赛马场上的赌徒，只把宝押在企业的财务结果上。

指望那些势利眼的赌徒在整个赛事生涯中与其赛马不离不弃，或者给驯马师提些建议，都是不合理的想法。如果他们不喜欢这种赌博方式，就把钱用来干别的事。他们可能是投机者，也可能是真正意义上的企业所有者。在我看来，通过税收激励或法律要求来锁定押注，使其不能离场的手段，也不会超出自由市场对他们的刺激作用。安迪·卡什（Andy Cash）和他的书籍合著者称这是在向市场"扔沙子"，我认为这就是这样做的全部作用。尽管如此，这些投注者还是拥有非凡的特权。根据下注的价格，可以在拍卖场上不时地投票决定谁能拥有他们的赛马。这意味着企业需要不断地被买家出价，谁知道拍卖的钟声会在什么时候敲响呢？根据这些规则，每家企业实际上每天都在待价而沽。

有人认为，不断可能敲响的拍卖钟声转移了驯马师的注意力，当然会将他的注意力转移到赛马的价格上，而不是赛马本身——这里指的是企业。我问一位超市的董事长，他为何如此积极地向法国和比利时扩张，尽可能地收购竞争对手，企业是在为1993年已经扩大的市场做准备吗？"不。"他回答说，"我们把自己（的企业）做得这么大、这么复杂，就没有人想要把我们一口吞下了。"看来，企业防止被收购的最好办法就是进行收购。然而，所有的证据都表明，在大多数情况下最终收购者的表现要比被收购者差。正如有人所说，这是一个耐人寻味的旧世界。

更糟糕的是，这也是一种自杀行为。1972年至1982年，英国730家上市公司中有三分之一的公司改变了公司所有权，这其中包含了所有的复杂情况、成本和干扰等因素造成的公司所有权变更。日本的可比数据低于8%。在德国股票交易所上市的450家公司中，只有30家左右在积极进行股权交易，企业拍卖的钟声很少响起。相比之下，请大家谨记，伦敦证券交易所（London Stock Exchange）有2400家上市公司，几乎所有公司都随时可能成为被拍卖的对象。

为了让赌徒高兴，我们必须付出代价。英国的股息几乎是德国的2倍，日本的3倍。这么做提高了资本的实际成本，因为大多数大企业都希望将留存收益作为增加投资的手段。如果没有足够的资金，企业就必须借钱度日，即使有足够的资金，其投资的盈利也必须超过股息成本，才能使投资物有所值。因此，目前英国企业希望新项目的投资回报率为24%，美国为24%，德国为15%左右，日本为8%。不言而喻，哪些国家在长期制造业上投资最多，哪些国家则选择了资本密集度较低的服务业。这不是由于企业的愚蠢或目光短浅的管理行为造成的，而是来自于拍卖钟声的压力。

有人说可以让管理者或工人成为股东，以便消除拍卖钟声带来的压力。但近年来管理层收购的历史表明，作为企业所有者的管理者和其他人一样，也容易受到大额收购要约的影响。我认识的不少人在当年10月自称还想长期为企业效力，实际上却是在为11月要到手的价值几百万的股票放出烟幕弹而已。其他人则希望创建一个由适合的企业所有者、银行、其他公司、机构组成的财团，财团将有效地保证公司长期经营，以免投机者在市场上蠢蠢欲动。然而，拥有超过半数英国股票的养老基金对其他人的钱负有直接责任，却总是避免把钱长期放在企业里。事实上，在美国这类机构被禁止进入公司的董事会。其他机构一致的行动可能会说服它们改变自己的方式，这将是根本性的改变。至于个人股东，一项预测表明，华尔街最后一批个人持股的股票将在2003年出售。一个由小股东组成的国家恐怕只能成为镜花水月的幻想。

更根本的是，或许我们应该问个基本的问题。为什么企业的投资者有这么大的权力？事实并非如此。我们可以像看待房屋抵押贷款的提供者那样看待企业的投资者。他们持有合同。如果我们违约，他们可以在我们不知情的情况下出售房屋，但前提是我们不能按约定的还款金额还款。这部分约定的还款相当于企业支付的固定股息。房屋购买者给予房贷提供者的基本保障，一部分是基于自身的预计收入或利润，另一部分是基于建筑物的潜在价值。房贷提供者希望随着时间的推移，这些价值会逐渐增加。抵押贷款公司在交易中有25年左右的期限，企业的股东却可以而且应该能随意取出自己的钱。

在日本，股东实际上是优先债券的持有者，向他们支付的股息与股票市值相关。股息实际上是固定的，即使有浮动，比例也很低。一家日本公司可以借钱来支付股息，这种做法对于我们来说却是万劫不复的。

我想要知道的最基本的问题是，企业产权的概念是如何以及为何成为话题的。乔治·戈伊德令人信服地将此事解释为，在英国法律中企业与其股东有所不同。他引用了埃弗希德大法官（Lord Justice Evershed）在1947年总结的一个案例："从法律角度看，股东不是企业法律意义上的拥有者。企业的所有权与其股东的持股比例有所不同。"他还指出，政府在战时接管了肖特兄弟（Short Brothers），当时法庭裁定股东并不拥有该公司，因此不一定有权获得该公司的全部资产价值。我法律界的朋友还不确定这是不是此事的最后结论，他们认为法律机构还没有完全下定决心，或者换句话说，可能会推翻先前的判例。

我给的理由则要简单得多。企业在过去是实物资产，由家庭及其雇工经营。而如今企业由一群人来经营，实物资产则作为辅助经营的手段。我认为拥有他人及买卖他人是错误的做法。股东拥有公司的理念已经过时了，就像男人拥有妻子的观念一样。在维多利亚（Victorian）时代，有限责任的理念是一项了不起的社会发明，它使家族企业得以大踏步地走向全世界。没有人会想到由此产生的矛盾，即企业主依法负有有限责任。当你转过头来再审视这个理念的时候，会发现这是一个多么奇怪的想法。越是反省，我就越感觉我们是先辈创新的受害者。把公司作为财产的想法相当奇怪，按照这个逻辑，那些早先的投资者要卖掉公司只是因为痴迷于赚钱。但是这可能会毁了下一代在公司工作的员工的生计，我希望这会成为又一个被打破的误区。

这说明了什么？毫无疑问，这是一个利益相关者理论的翻版。在这个理论中，所有与企业有一定利益相关的人，都对企业的做法和未来有一定的发言权。我本人不喜欢这个理论。我真的不知道所有的利益相关者是谁，或者谁能恰当地代表他们。我能看到是各种类型的企业投资者和其雇员。客户显然与企业有利害关系,但他们的利益要如何体现?通过市场。如果真存在一个开放的市场,他们能用脚来投票吗?那么周围的社区、环境,乃至整个社会呢?以利益相关者的语境来讨论企业必须履行的、用来平衡利益相关者关系的行为,是一种很好的方式,但我自己不认为它已给出了"企业因何而生"这个问题的答案。即便给出了答案,也是模棱两可的。当然,要回答这个问题也是件十分困难的事。

关于问题的答案有了一些眉目。1985年颁布的《公司法》(Companies Act)要求企业的董事对员工给予合理的关注。把倡导这种做法称为"大声疾呼"可能有些冷嘲热讽的意味,但是现在企业的会计人员已经把员工作为成本列入损益表中。企业会试图将成本最小化,但对员工理应尽可能多地关注。员工现在不仅仅是企业"干活的手"或"临时工",他们越来越代表有价值的"知识资产"。企业的股东逐渐开始意识到,资产不一定要由砖瓦、钢铁或木材构成,也可以由员工的大脑构成。"资产"这个原本令人鄙视的概念再次受到人们的青睐,但这一次企业实际上把它列入资产负债表上的资产一栏,而不是损益表中的成本。在企业的并购活动中,知识资产的价值超出了实物资产的价值,企业不能将"商誉""研发方案""专利"或"品牌"区别对待,这些都是企业知识资产的一部分。现在企业员工的价值变得越来越高,企业也尴尬地意识到,员工是可以离开企业的资产。企业现在有充分的理由合理地关注员工了。

或以环境保护为例，会计师已经开始意识到他们看待世界的观点存在一些偏差。例如，会计学中物品的所有权没有附加管理的概念。事实上根据会计原则，如果你拥有某件物品，你就有权销毁它。此外，如果没有人拥有某种东西，那么这种东西就没有价格，如空气、海洋或那些并没有在土地价格上体现的东西，比如它们维持生命生生不息的能力。企业一直逍遥法外，因为出于环境保护的考虑并不在企业的计划之内。很久以前这种做法无关紧要，也许是因为那时有大量的陆地、海洋、空气和森林资源可供企业攫取。企业无偿拿走一些资源，行为虽然不妥，但是算不了什么问题。但真正的问题是，无法计算在会计账目中未被计入的部分所造成的损失。因此我们可能会寄希望于来自环保游说团体的巨大压力，要求会计人员填补会计体系中的漏洞。在美国环境部长克里斯·佩顿（Chris Patten）主持撰写的《皮尔斯报告》（Pearce Report）中，人们已经感受到了这一点。会计师无意中扭曲了我们对世界的认知。现在他们有机会重新厘清思路。我希望他们会做到这一点。

然而，即使会计师用新数据进行了说明，我也不认为利益相关者的理念为"企业因何而生"这个问题提供了一个合理的答案。从方便分析的角度来看，企业为所有利益相关者服务，但如果你是企业的董事长，这并不能告诉你该做什么或提供企业前进的方向。不可避免的是，鉴于我们目前的规则体系，其中一个利益相关者拥有优先权，那就是企业的股东。因此利益相关者已经成为利润最大化的制约因素。这很容易变成"企业必须先满足其他利益相关者的需求,然后再开始追求利润"的说辞。回到婆罗洲后,我仍然难以直抒胸臆,依然认为利润是企业存续的必要条件,但不是充分条件,我仍然在寻找企业存在的驱动力。

我认为企业在一个有限的空间里运营,就像一个六边形的圆环,被来自投资者、员工、客户、供应商、环境和企业社区(即所谓的利益相关者)的相互矛盾的压力所包围。没有简单的方法可以使得这个圆环或六个方面达到平衡。没有方向,企业就会被从圆环的一边弹到另一边,许多企业都在这样做——最古老的组织法则只是单摆,而这次企业需要向六个方向摆动。在这些力量中,我希望看到"存在主义⊖企业"的发展。我的意思是说,企业存在的主要目的是实现自我,不断成长直至发展到最好,其他企业也可以自由地做同样的事情。企业对六边形圆环的每条边都负有责任,但是并不属于任何人。企业掌握着自己的命运,会做到或者希望会做到永续经营。企业不是人们持有的财产,是一个本身就拥有财产的社区。企业发行并公开交易股票,由投资者购买,但这些投资者的权力有限。除非企业出现违约,否则就不能被待价而沽。

企业社区内的人是成员而不是雇员。或者更确切地说,如果是雇员,他们就是社区外而不是社区内的人。像所有人类其

⊖ 当代西方哲学主要流派之一,强调以人为中心、尊重人的个性和自由。——译者注

他组织一样,企业社区需要成长和发展,否则就会消亡(财产却可以并且确实保持静止状态),但是企业社区的规模不需要变得太大。上个月,作为一名葡萄酒观光客,我在北加州度过了愉悦的一天。我和一家酒庄的老板聊天,他对自己酒庄的未来充满憧憬,希望酒庄变得更好,而不是做得更大,需要大量的盈利才能实现这一点。企业似乎总是想做大,也许是因为管理者想要更大的版图,也或许是因为这么做不那么容易被其他企业兼并。我有时觉得它们陷入了某种怪圈,因为企业规模大并不总是代表经营得就越好,或者利润赚取得更多。但是除非得到其成员的同意,否则企业社区不可能被卖掉。而且从古至今,推动工匠、艺术家和专业人士这么做的唯一动力,就是把企业社区做得更好,因而使其不会轻易受到轻视。

一个对自己命运负责的企业社区,除非得到同意,否则是不能被收买的。从表面上看,这是一个允许管理层为所欲为的通行证。企业社区的行为受到其边界的约束,只对其成员负责。长期以来,这种放任自流的管理方式一直是那类像无赖一样的管理者的特权,并因此存在争议。我认为某种形式的权威是必要的,应以企业管理者向董事会负责的形式来体现,或许董事会的任务是监督而不是指手画脚,管理者如果没有完成使企业社区日益扩大的任务,董事会可以运用终极权力替换管理层。这似乎与德国企业监事会的职能类似,我可能会说:"为什么不这么做呢,好像给企业没带来什么困扰。"但这种做法也有其他的形式，包括特里克（Tricker）提出的双董事会的概念，董事会一半数量的人员非本企业的高管人员，在某个时间单独开会，明确界定职责；另一半数量的人员是企业高管。当大家坐在一起开会时，身份独立的董事长负责主持会议。然而细节并没有原则重要，董事会应该对六边形圆环内企业社区的所有成员负责。

我相信，德国和日本的企业更多地被视为企业社区而非股东财产。他们认为自己的企业可以基业长青，并按照长盛不衰的事业进行规划，由其中的一员持续经营下去。这反过来又给了企业的员工一种安全感，使员工有长远的目标，而不用担心未来10年存在三分之一的可能性，即股东未经大家同意就把企业卖掉。企业准备超越两次世界大战造成影响，生存是企业社区的首要任务。企业会以董事会的名义向投资者确保履行承诺，即使为此不得不借债度日，因为如果违约，投资人就可以将企业卖掉。企业会为未来的发展投资，会让孩子在当地的学校成长，因为还要考虑下一代的发展。企业会爱护环境，因为这可能是自己的甚至是儿孙辈生活的环境。企业也会在研究、开发和创新上投入巨资，因为这是下一代的希望所在。这是德国和日本企业所做的事，在很大程度上，我不认为这只是出于日耳曼和日本民族自身的特点，我认为这是他们对企业存在方式的看法和付诸实践的做法。我在伦敦商学院的一个同事朱利安·弗兰克斯（Julian Franks），上周在英国广播公司分析了一些企业并购项目的案例，在一家德国公司接手其他的德国公司后，几乎总是依照先前的协议，没有关闭工厂和裁员，而是将更多的投资用于被收购企业的培训、研发以及添置新设备。新管理层的到来是为了壮大企业社区，而不是为了最大限度地利用原来企业的财产谋利。这确实是一种与众不同的思维方式。

但如果将企业作为一个自治型的企业社区，而不是一种财产，在如此优秀理念的引领下，为什么我们看不到更多这样的企业呢？答案是惊人的。戈伊德在他书中的第一章就给出了答案。菲利普·巴克森代尔前几天也提醒过我。以下内容出自尤斯塔斯·珀西勋爵1944年所说的话。

> 这是向法学家和政治家提出的对政治发明最紧迫的挑战。由工人、管理者、技术人员和企业董事组成的企业社区，实际上是在掌管生产和财富分配，这并不是法律所承认的企业社区。法律承认的企业社区由全体股东、债权人和董事会组成，没有能力进行生产或财富分配，法律也不期望他们履行这些职能。我们必须赋予真正的企业社区以法律地位，并从臆想的企业社区中收回毫无意义的特权。

读完这段话后，我意识到之前我所有的讨论都毫无意义。很关键的一点是游戏规则不允许创造财富的企业社区存在。

那么我们能做什么呢？可以在现有的规则范围内运作，并劝诫我们的管理者，让他们像一个对自己命运负责的永续经营的企业社区一样工作，对六边形的空间和六个利益相关者都给予适当的关注。许多大企业正在试图这样做。它们提出愿景和价值观，设立社会责任部门，关心环境并为企业不确定的未来提前做好规划。然而，我感觉它们实际在袖手旁观。我们要求公平竞争，而游戏规则却允许其他人尔虞我诈。这是不公平的做法。难怪他们有时对其他利益相关者的关注只是嘴上说说，只会迎合投机者的短期需求，其中的原因就是如此。毕竟，在这个物欲横流的世界，几乎没有人能独善其身。

或许可以寻求在现有的企业产权规则下建立真正自主的企业社区。约翰·刘易斯合伙企业（John Lewis Partnership）就是一个非常有名的例子，巴溪的成立则是另一个例子。合伙企业中代表工人的理事至少拥有企业51%的股份。只有当受到巨大困难的威胁时，他们才会出售股份，永续经营是其目标。工人直接拥有另外三分之一的股份，可以持有或出售。合伙企业的理事会有12名成员代表现有合伙人的利益（请大家注意这个词），4名理事代表未来合伙人的利益。他们的工作是共同监督、经营企业的董事会。

这两个企业与其他几个类似的企业一样，由衷地寻求将命运控制在自己手中，寻求企业的永续经营以及超越自我。但它们的股票并非公开交易，不受企业并购的影响，因此不能成为所有人效仿的榜样。同样地，我知道家族企业为了整个企业社区的利益实施着仁慈的独裁管理方式。它们也想永续经营，其中一些人的股票已经可以上市交易。然而这种子承父业的方式也暴露出自身的缺点。并非所有的家族企业的继承人都注定会成为伟大的商业领袖，当接班人才逐渐枯竭时，它们往往会陷入我的意大利朋友所说的"富不过三代"的怪圈。

目前处于边缘的些许经验与案例是远远不够的，仍需要对企业的治理形成系统的认知。要求企业的管理者漠视当前的游戏规则也是不公平的，而如果按规则行事将不可避免地使企业强调短期利益，增加投资成本，在竞争中处于不利地位。我不知道公司治理应该采取什么样的确切形式，但我认为就这一点而言，原则比细节更重要。

这是我短期所担心的问题。我长期担心的是企业的产权将凌驾于企业社区之上。随着世界经济的萎缩和企业向全球扩张的目标，企业的产权将无情地吞并企业社区。矛盾的是，我认为益格鲁－美国（Anglo－American）模式对每个人关注更少的做法，比起德国或日本模式可能会占上风，它会推动整个世界变成一个狂热的短期投机者，迫使企业成为资产交易员，而不是财富生产者，并可能利用亚当·斯密的"看不见的手"做很多无用的、加班加点的工作。

你会注意到我还没有回答"企业因何而生"这一问题，现在我要说，我不能回答。每个企业社区必须为自己做事，但我们必须让它们在法律允许的范围内自由自在地这样做。只谈企业如何获取利润是没有答案的，我想说，"企业获取利润当然无可厚非，但获取利润后的进一步目标是什么？"我认为满足利益相关者的需求是生存的必要条件，但并非充分条件。在我看来无论是对个人还是对某个企业社区而言，为了生活而生存下来都不是一个充分的理由。我觉得一个人要使生命有价值，必须有超越自己的目标。

这个目标是理事会理事最关心的问题，他们应该换种思考方式。如果所有企业的目标都是成为行业第一，那么99%的人将会失望。如今企业不需要做大才能成为伟大的公司，甚至不需要做大才能走向世界。我想要对这些理事说，就像我对任何人说的那样，你们是什么样的人和你们所做的事一样重要，与你们的所作所为相比，你们的个人形象将在人们的心中停留更长的时间。企业不是工具，而应该是一个生机勃勃的、不断壮大的企业社区。两者是有区别的。

今天晚上，我说了一些略微离经叛道的话，举例如下。

- 利润是成功的必要条件，但不是充分条件。企业的盈亏平衡点应该是起点，而不是终点。
- 拥有有限责任的股东永远不会成为公司的主人，只会是投机者，所以不要对他们期望过高。请把他们当成发放抵押贷款的人。
- 利益相关者的权益不算数，除非能被认真地计算。要请会计师来帮忙。

- 拥有他人是错误的。如今的企业是一群人的集合,是企业社区而非财产。
- 上述观点得不到法律承认,但法律应该予以承认。
- 要求企业的管理者超越规章制度是不公平的,也是不现实的,所以让我们来改变规章制度。
- 如果我们不这样做,将危及下一代人的未来,甚至可能与对手同归于尽。

讨论

多纳德 B. 布彻(Donald B. Butcher,管理工程顾问):您在演讲中把股东等同于赌徒,我认为这是一种误解,至少应该将私人股东和机构股东区分对待。按我个人的经验,大企业和小型非上市企业(尤其是家族企业)的私人股东对企业是忠诚的,并与企业的成功唇齿相依。问题在于很少有企业做出重大努力来吸引和维持私人股东的支持。

查尔斯·汉迪:我是家族企业的拥护者。德国的优势在于没有上市的中型家族企业。从这个意义上说,股东确实想要一家可以永续经营的企业。在较大型的上市企业中,即使个人股东对企业的发展感兴趣,我也很难想象他们会有任何影响力,美国人预测 10~12 年后个人股东的概念将会消失,这让我感到非常沮丧。

大卫·布德沃斯博士（Dr David Budworth，自由职业者）：汉迪教授在他的演讲中对会计师说了一些不太中听的话。我不是一名会计师，但我发现，目前大多数有关商业的理性思索都来自于会计师和会计机构。

查尔斯·汉迪：我只是对会计师过去的做法不以为然，我同意会计师现在已经意识到他们会做出很大的贡献。我对会计机构目前提出的所有举措赞赏有加。

杰弗里·钱德勒爵士（Sir Geoffrey Chandler，行业顾问）：有什么因素可以带来企业短期和中期的改变？公司内部的促进因素包括领导力的训练。潜在的外部因素来自于市场。市场根据信息运作，目前提供的信息基本上来自财务方面，与培训和任职资格无关。如果有强制性的人力资源审计，甚至是环境审计，那么市场就会开始根据中长期的信息来运作。其他的外部因素是规则和法律。沃特金森的报告已经发布了近20年，但在许多方面仍具有重要的参考价值。

查尔斯·汉迪：我认为最大的希望来自于企业内部。如果更多的董事长、董事总经理和首席执行官将企业视为一个可以永续经营的企业社区，并接受给予周围的利益相关者和企业的未来必要的投资，情况将开始发生变化。在某种意义上讲，有太多的股东是资产交易员并以此为荣。人们语言的细微变化可能会极大地创造出一种不同的氛围。然而到最后，我依然偏激地认为，如果不改变一些规则，就不会有什么大的改变。沃特金森报告中的华丽辞藻将继续成为纸上谈兵。我希望企业开始对规则的制定者说，"是你们让我们在竞争中处于劣势，我们实际上迫切需要改变这些规则。"

安妮·弗格森（Anne Ferguson，《星期日独立报》主编）：我想质疑这样一种假设，即永续经营对于企业来说是可能的，或者是可取的。个人、政府和文明，一切都有其自然的生命周期。企业是一个相对较新的组织，你认为一个企业的自然生命周期是怎样的？

查尔斯·汉迪：我知道目前没有多少公司值得永续经营，我宁愿它们倒闭，也不愿它们在出问题之前被别的公司收购。我希望企业以永续经营为目标，尽管可能很少有企业能实现这一目标。我不知道什么是自然的生命周期。对于大企业而言，目前经营的时间似乎是四五十年，它们甚至还没有接近永续经营的时限，但前景却是值得向往的。企业必须制订永续经营的计划，因为如果不这样做，它就不会投资于企业长期的发展。当企业雇用员工时，期限一般都是45年，但大多数员工都不会在企业工作那么久。如果企业真的聘用了可以为之工作45年的员工，就应该在他们身上投入巨资。

彼得·摩根（Peter Morgan，经理人协会理事长）：我并不完全同意您的论点，因为您并没有为所描述的失败提供足够的证据。相比之下，保罗·马什（Paul Marsh）最近发表的有关短期主义行为的文章显示，企业的经营状况相当健康。尽管如此，经理人协会（Institute of Directors）刚刚接受委托进行了一项关于公司法的研究，以确定19世纪帮助铁路企业组建的法律是否一定也是21世纪的企业所需要的。您提到了欧洲私营企业的实力。战后，英国的家族企业被遗产税和公司税所摧毁。为了重建这个重要的商业基础，我们需要税制改革。您也谈到了股东的短期主义行为，但主要的股东是机构股东，机构股东持股时间平均为四年左右。作为一家保险公司的董事，我对这一点很清楚。企业投资不应是快速换手的赌博行为。根据我的经验，我发现企业的精神是关注生存。当企业克服了生存问题后，也许还有下一个兴旺发达的机会，但是在现实情况下，企业所处的生存环境中的大多数因素往往会导致其倒闭。成功经营一家企业并不像管理一个官僚机构。企业必须每天在市场中有所斩获，市场环境每天都在变化。企业的利益相关者在企业的盈亏平衡方面承受着压力并发挥着作用，盈亏平衡是衡量企业能否生存的最终标准，但利益相关者绝对是必不可少的合作伙伴。任何一家企业如果不与合作伙伴合作，不通过与供应商、代理商、员工、客户和周围企业社区的合作来生存，实际上都会以倒闭告终。

查尔斯·汉迪：我不反对您的说法，我只是想说，希望企业能够制订出长远的经营计划。我知道的那些只专注于生存的公司，在某些情况下并没有使命感。

彼得·摩根：我的意思并不是说企业只要在1991年下半

年之前安然度过经济衰退期就可以了。企业要预测技术和市场、消费者偏好、影响就业的社会因素，要保持充满活力的成功模式，并尽可能提前做好规划。

查尔斯·汉迪：也许这就是我所说的企业永续经营假设。

乔治·戈伊德勋爵（George Goyder CBE）：谢谢您对我的书的好评。您最后引用的是1944年尤斯塔斯·珀西勋爵在里德尔演讲（Riddell Lecture）中的一部分内容，我认为这句话今天仍然有意义。从您的评论中，我感同身受地想到了信任原则。我认为人们需要一种以信任为基础的法律工具，而信任就是托付。我看到了大企业的未来，在企业中设立的监事会对委托人负责，而普通的董事会则负责管理。英国发展出的信任理念已超越其他国家。看到F. W. 梅特兰（F. W. Maitland）在剑桥大学关于托付关系⊖的研究成果后，让我意识到这是一项原则，也是英国遗产的一部分。我们应该回到这个问题上来，找到一种平衡六边形各方责任的方法。

查尔斯·汉迪：在我的意识中，托付的概念非常重要。

G. R. 埃勒顿（G. R. Ellerton，米特兰银行个人金融业务总监）：为什么您认为英国在实现您提出的诱人愿景面前进展甚微？是否有一些社会、文化或政治因素在起作用，使得德国和日本比英国有更多的发展空间？

⊖ 根据1765年《大英法律注释》的定义，委托人将法律文件或财产交由受托人保管，待特定期限结束或达成约定条件时，由该受托人将其保管的法律文件或财产交给受让人，此种法律关系为托付关系（escrow）。——译者注

查尔斯·汉迪：这是一个无法改变的历史问题。我们只是接受做事的方式，不会站在后面问"这样做是否明智"。社会时不时地受到纷扰是件好事，有趣的是有时战败的国家最终能很好地摆脱战争的阴影。

约翰·法拉戈（John Farago，学会会员）：您对这次合作化运动的明显失败有什么评论吗？

查尔斯·汉迪：合作化运动和我说的不太相符。他们所体现的精神略有不同，这是一种管理风格，不是有关企业所有权以及把企业作为企业社区来看待的问题。合作运动是关于如何管理企业社区的问题。他们是理想主义者，管理企业社区的做法有些天真。所以我认为这是管理实践中的一个错误，而不属于企业所有权的讨论范畴。

斯图尔特·洛克（Stuart Rock，《董事》杂志编辑）：您认为伦敦商学院的毕业生会因为您这次讲座而倍受鼓舞吗？您如何看待教育系统中的教育任务在实现变革中发挥的作用？

查尔斯·汉迪：我在伦敦遇到的学生分为两类。大约70%的学生非常满意在现有的体系内工作，因为他们能看到自己可以在其中茁壮成长。另外30%的学生确实觉得这是一种奇怪的管理体制，他们也想知道在自己的有生之年是否会发生一些改变，但他们倾向于把它放在一边置之不理，这是一个遗憾。有一小部分人在保持沉默，也许是大多数人，我想站起来对他们说"这么做的确有些不正常"。

听众：布林顿报告（Brinton Report）发布后，政府和公众均对全球变暖和其他主要的环境恶化问题表示担忧，我国和国际社会在致力于实现国家和全球的可持续发展。您如何使您所提到的新的企业顺应这种趋势？

查尔斯·汉迪：我完全同意您的看法，但是承诺不仅仅是嘴上说说。我认为他们对此负有责任，但我依然固执地认为，必须制定一些规则和法律。我们曾嘲笑过安全带的作用，但法律一出台，大家就都开始用安全带了。在内心深处，我们知道这是明智之举。我所提到的新的企业比现在的企业，更有可能在没有法规出台的情况下就环境问题采取行动，但如果有法规出台，将会对此事有所帮助。

保罗·杰维斯（Paul Jervis，布里斯托尔商学院）：您认为董事会与我们所说的企业的管理层或高管之间有什么关系？您认为理事会是董事会的一部分，还是独立于董事会？如果是独立的机构，它又如何向整个组织传达其使命感？

查尔斯·汉迪：我认为这是一种共生关系。理事会有责任定义公司存在的理由，但很显然它将由经营公司的人为其提供想法和期望。

安妮·琼斯（Anne Jones，就业部门和RSA理事会成员）：我们怎样才能使人们更好地了解日本？我认为该国富有竞争力，而且具有高超的技术能力，我已经被那里的哲学和工作的社会化理念所打动。当我访问佳能（Canon）时，他们首先谈到了积极的理念和目标,即创建一个和谐、全球化、相互依存的企业社区。当我问及利润和股东时,他们说,如果更多地考虑战略,而不是短期利润,我们的英国股东将会有更好的长期生存机会。

查尔斯·汉迪:我们必须找到一种方法让企业明白它们不仅仅是股票市场上的交易资产。日本人一定不会这么认为。日本给我留下深刻印象的是企业的价值观和使命宣言,而且企业都相信这些信条。我们的企业也有,但没人注意这些。它们真的是可以永续经营的企业社区,并且在为日本的利益而奋斗。回到杰弗里·钱德勒(Geoffrey Chandler)的观点,如果更多的企业高层站出来说这才是经营企业的目的,利润只是其中的一部分,是达到目的一种手段,事情就将有很大的改变。

大会主席:查尔斯·汉迪的演讲表明了他对工业社会的动态和需求的理解,我希望他的演讲能与那些主张企业存在的目的是创造财富的人产生共鸣。他拓展了我们的想象力,也向我们提出了挑战。

奥斯汀·皮尔斯爵士(Sir Austin Pearce,RSA理事会成员):RSA的财务主管享有的为数不多的特权和乐趣之一,就是被告知有人赞助了这场演讲。今晚我们获得了来自三方的帮助,有三位赞助商,即中国银行(BOC)、亨雷预测中心(The Henley Forecasting Centre)和米特兰银行。我非常感谢这三个企业的决定,它们存在的意义之一是赞助这样的演讲。在我的职业生涯中,有一段时间我平均每个工作日会收到16个有关资金赞助的请求。我确信这三位赞助商也收到了更多的类似请求，因此我很荣幸它们选择了RSA，特别是选择了这次它们为之做出慷慨贡献的演讲。

马克·戈伊德（Mark Goyder，RSA项目主管）：RSA的制造业和商业委员会已经开始召集一些人（企业的首席执行官和一部分有学术背景的人）来解决查尔斯·汉迪提出的问题。有兴趣加入我们寻找企业新的组织形态的人请与我联系，我可以提供更多的细节给大家，并确保大家成为我们研究体系的一部分。

BEYOND CERTAINTY
第5章

终身雇用制是否会成为企业之殇

第5章 终身雇用制是否会成为企业之殇

我刚参加工作的企业是一家大型石油企业。上班的第一天，企业给了我一份养老金计划，在上班后的大半个月里我连一眼都没看。直到现在我仍然记得老岳父因看到我对于养老金计划的无动于衷而大发雷霆的模样，"我发现你死后比你活着的时候值钱多了！"他说道。

当时我跟企业都认为一旦进入企业，我就会为企业干一辈子，企业得负责我的生老病死，会根据我的能力给我安排一个合适的职位，并根据这些能力提供相应的培训及发展机会。作为回报，企业希望我忠诚、重承诺并在工作中有足够的韧性。我们经常听到的一句话就是，"年轻人不要着急，40岁时你就能熬到自己满意的位置"。

实现员工的终身雇用制不但是很多大企业追求的目标，对于很多中小企业也是如此，因为这样可以使企业拥有稳定的员工队伍，有利于企业的管理工作。在日本，终身雇用制度受到企业的广泛认可，与此相关的评估机制、接班人计划以及职业生涯规划已经被纳入整个企业的人力资源管理体系之中。

我却对终身雇用制有不同的理解。即便在日本，这种制度也只是针对企业的骨干员工，而且只是一种文化，并非是法定的制度。无论是否已经实行终身雇用制度，日本企业都开始反思这种制度的利与弊。

首先，按一个简单的常识分析，员工以相同的速度老去，而组织存在金字塔效应，级别越高相应的职位越少。员工的需求不仅仅是目前有适合自己的工作岗位，每个人还有自己的职业生涯规划。最终造成的结果就是对中层员工的优胜劣汰会非常痛苦，成本也随之增加。只有当企业的规模以指数级的高速增长，增长速度远远超过自身的生产效率的时候，优胜劣汰的工作才会被推迟。在日本，前些年还是这种情形，但是现在已经发生了改变。

对于一些英国企业来说也是如此，20世纪70年代后期，由于生产效率几乎没有提升，定期的裁员制度真正开始实施。如果当今的成功企业在过去10年中将它们的骨干员工数量减少一半，其营业额将翻两番。5年一次的裁员已经成为企业的一种制度，这对于终身雇用制无疑是一个巨大的讽刺。对于一个企业而言，比较好的方法是裁掉一半的员工，给现有员工支付两倍的工资，让员工生产3倍数量的产品。

其次，终身雇用制的弊端在于这种制度设计会向员工的职业生涯发展过程提供一种隐含的承诺。无论经营情况如何，企业每隔几年就要给员工提供一些显而易见的职位提升或薪酬增长。在大企业，这种制度是可行的，但是对于一些采取扁平化管理的小企业，终身雇用制并不可行。目前大多数企业型组织都采取四级科层制管理的组织架构，这种架构并没有为未来员工持续性的职位提升预留太多的空间，在实际的管理实践中，有些员工根本不会有任何升职的机会。

终身雇用制的第三个弊端在于企业前期培养的人才可能与

企业发展的路径并不匹配。就像有人不愿用老父亲种下的树苗培育自己想要的参天大树，因为父辈选择的树苗品种可能本身就是错误的，根本长不成参天大树。建筑协会转而拓展银行业务或者银行进入金融超市业务对企业来说可能是一个不错的战略选择。但是企业战略转型后，很难通过培训老员工的方法使人才结构适应新的组织管理需求，于是新员工的招募势在必行。通过这类招募进入企业的员工基本是中层或高层管理人员，这种做法就使得采取终身雇用制的企业对老员工的承诺变成了镜花水月。

最后，当企业的决策掌握在一群来自同一个世界，具有同样的传统及对外界一无所知的人手中时，企业的经营已经如同盲人摸象。这群人最容易出现"群体思维"，在高凝聚力的推动下，大家会忘记任何不想听到或看到的事物，就像一列不知道哪里是终点站的行驶着的火车，虽然仍在前行，但是不知所终。

我认为终身雇用制无疑是一种伪经济学及伪诚信的制度。之所以说这种制度违背经济学规律，是因为它使组织本身的发展受到束缚，同时使组织的柔性受到限制。在这种制度下，无论企业的承诺是显性的还是隐性的，也无论企业的意图是否出于善意，只要企业无法兑现承诺，这实际上就是一种伪诚信的制度，是一种谎言。

企业应该采用更加诚信与理智的方式，制定不同雇用时间的固定期限雇用合同，采用现金支付的方式取代退休金制度，给予员工更多职业上升通道而非论资排辈。企业内部员工不但需要竞争上岗，有时还需要与企业外部的人员竞争上岗。对于专业性很强的员工而言，比升值诉求更明智的想法是轮岗，因为从一个岗位调到另一个岗位可以获得更多的经验与机会。对于企业来说，优秀员工不需要一成不变的工作岗位，而不求上进的员工又不值得企业这么做。

这种做法在企业的管理实践中有什么现实的意义呢？员工的职业发展越来越成为一种个人责任。我很欣赏一家美国企业对其发展理念的诠释——"员工的能动性与企业的支持"。

企业的支持包括提供员工教育与培训，为了鼓励员工对自己的未来进行投资，对于一些员工原本应该自己支付的费用企业也给予报销，如建立学费报销制度。企业的支持还应该包括对员工的工作辅导、未来工作岗位的建议以及与之相应的经验传承。没有企业愿意失去顶尖的人才，企业清楚地意识到只有让这些人才保持好的工作状态才能把工作做好。对企业而言，上述做法对员工只是提供建议与辅导，而不是强人所难。对于固定期限可续签的劳动合同，企业可以设置员工服务期限与合同条件的可讨论条款，这种类型的合同已经从高层管理者开始，在中层管理者中普遍实施，所有企业都需要为此做好准备。

废除终身雇用制意味着企业将越来越多地向企业的内部或外部人员提供工作岗位而非工作职位，这就意味着企业不能保证员工会从一个职位晋升到另一个职位。对于有些岗位可以签订固定期限劳动合同，就像很多企业与高层管理者签订的劳动合同，或者以附加条款的方式签订无固定期限的劳动合同。企业的员工必须清楚地知道企业雇用他们是要为企业创造价值，而不是被安置到某个岗位上然后按部就班地升职。

通常一个真正有潜力的高层管理者在同一个岗位的工作时间不会超过一年，但是这种传统的方式也在发生转变。即使不实行终身雇用制，许多人也许会在工作岗位上工作足够长的时间以便验证他们当初的选择是否正确。我曾经就职的石油企业的文化把这称之为"韧性"，我认为这是一种"对坚持的奖赏"，换句话说就是"好日子会来的，只不过不是现在"。这种方式将时刻提醒你"好好工作，不然这将是你的最后一份工作"，此时员工的工作紧迫感与目前的职业生涯被赋予了新的内涵。

许多企业家认为如果不实行终身雇用制，企业会遭受损失，失去对员工的控制。员工会只注重眼前利益而不是长期发展，最优秀的员工将离开，企业文化得不到传承，优良传统也将无以为继。

当企业的高管这样说时，我很不以为然，也许终身雇用制对于这样的企业来说，其目的就是控制与限制员工。它们将其作为一种建立忠诚型组织的手段，而不是一种留住优秀人才的制度。

终身雇用制作为一种控制手段真能奏效吗？最优秀的人才难道不是也经常流失吗？员工选择工作难道从来不考虑短期收益吗？优秀员工在选择去留时从来不与企业谈条件吗？终身雇

用制的倡导者是不是在自说自话呢？

据我所知，当意识到需要招募大量年轻而不是岁数较大的士兵时，英国的部队早在20世纪50年代初期就转而采用固定期限的合同制度。我也知道戏剧界、新闻和媒体行业、其他专业领域如咨询企业，甚至最近货币市场也都开始采用固定期限的合同制度。这种情形的存在是正常的吗？这些英国精英荟萃的行业，难道真的缺少优秀的求职者吗？

对于英国最优秀的企业而言，它们根本不需要通过拉长对员工的激励期限来留住人才。这些企业致力于工作任务的达成与企业经营理念的构建。优秀的人才不必再在同一个企业待20年，用20年的时间去适应企业的文化。在一个好的企业中，你很快就会感受到企业的文化氛围。最优秀的企业知道如何发现人才、激励人才并给予他们成长的空间。

英国最优秀的人才不再愿意一辈子委身于某个企业，无论这个企业声称自己是多么了不起与无所不能。这些员工要掌握自己的命运。员工对企业的忠诚需要企业去争取，而不是通过终身雇用制的承诺来收买。事实上，企业对于最优秀的人才的留用在于他们的才能而非劳动合同。如果在自己的入职文件中发现一份养老金计划，他们将会非常诧异。最优秀的人才希望参加可以全身心投入的、有朝气的工作，且对于工作结果的评估是基于创造的价值，而不是某种评估体系。耐心等待与终身雇用制不在他们的词典里，也许他们是对的。

BEYOND CERTAINTY
第6章

为什么退休后还应赋予生活更好的意义

从每天上班的工作岗位上离开，儿女也长大成人，人们从这一时刻开始到离开人世会开启一段崭新的人生旅程。剑桥历史学家彼得·拉斯利特（Peter Laslett）率先以"第三龄"来定义人生的这个阶段，以区别于第一龄（人生成长阶段）、第二龄（为了家庭或工作操劳阶段）和我们希望越短越好的临终前的第四龄阶段。作为社会发展的晴雨表，我们应该更多地关注人口统计数据的变化，这些数据的变化正一步步地对我们的生活产生重要的影响，而我们对此却一无所知。

第三龄的存在毋庸置疑。处于第三龄的人群年龄跨度变得越来越大，人口也越来越多，所以需要用一个概念来诠释它。很多大企业规定的退休年龄平均在55岁左右，人们早早地离开工作岗位，寿命变得更长，健康状况也变得越来越好。在今天70岁的老人可能跟两代以前50岁的中年人一样健康。不久以后，第三龄的年龄跨度可能从50岁开始至少到75岁结束，大约会占去人生四分之一的时间。

到20世纪末，世界四分之一的人口将会处于第三龄阶段，占整个成年人口总数的三分之一。他们不像第四龄人口那样需要其他人照顾，许多人相当富有，大部分人活力四射，身体健康。大多数人愿意从家庭与工作的责任中解脱出来，享受自主的生活。这个群体的人口是如此之多，一定会对社会产生影响。

举例来说，"年轻的老人"很有可能是下一个巨大的消费群体。他们的金钱也许会花在旅行、学习、练习新的技能、从事自己感兴趣的事情以及休闲等消磨时间的活动上。

购物可能会再次成为社交的手段，而不是每星期必做的苦差事。企业的零售模式可能需要根据第三龄消费者产生的新兴市场而改变。企业需要为这个新兴市场进行提前的规划。

健康、财富和良好的教育是处在第三龄阶段的人们保证优越生活的先决条件。有些人将拥有这三个条件，但是也有很多人并不具备这些条件。整个社会面临的挑战是存在的，除非这部分占世界成年人口三分之一的人自食其力，否则这个群体将成为下一代人日益沉重的负担。现在已经进入第三龄阶段的人，在最近出版的一本书中被作者大卫·汤姆森（David Thomson）称为"福利的一代"。他们是在教育、住房和健康各个方面得到大量补贴的情况下成长起来的，现在又在期待着一个养老条件优越与受到无微不至照顾的时代来临。现实情况是他们很可能会感到失望。他们的孩子也许会愿意为赡养已经进入第四龄的年龄很大的人纳税，但许多人会对为负担世嘉一代⊖的此类生活方式纳税而感到不满。如果能以国家养老金体系为主体，以其他三个收入来源——职业养老金、个人储蓄和兼职工作的收入为支撑，建立起所谓的第三龄生活的四大支柱，社会各个层面将都会认同这种做法。如果大家现在还不开始规划，许多人将只能有其中一个或两个支柱作为未来养老的支撑。

身处第三龄的人是生产力与专业知识的地下宝藏。根据美

⊖ 指玩着世嘉游戏机长大的第三龄人群。——译者注

国的管理实践，一旦离开工作岗位，人们并不太热衷于重返全职工作状态，兼职则是另一回事。没有人喜欢让别人感觉自己已经完全没用了。对于曾经在工作岗位上的管理者、专业人士和熟练的技术人员来说，退休后兼职的工作是人们所说的脑力工作，而非体力工作。兼职意味着贡献自己的经验和智慧，而不是单纯地干体力活。正如一家公司对我的一位朋友所说的，"我们非常看重你的经验、人脉和知识，道格拉斯，我们希望在你离开岗位之后依然能发挥余热，但只是在星期二就好，道格拉斯，只是在星期二"。

对另一些处于第三龄阶段的人，例如乐购超市提供的兼职岗位可能是他们想要的工作——获得出门透气的机会、额外的收入，还可以参加一些社交活动，也不用承担太多的责任。部分曾经有过学校肆业经历的第三龄人群对这种"组合工作"的安排十分满意，这些有空闲时间且岁数不算太大的老年人兼职工作，也解决了有些行业青年劳动力不足的问题。

事实上，"组合工作"将会成为一个越来越恰当的词汇，可以描述处于第三龄的人们的工作模式——工作时间时断时续，有时为了挣钱，有时是尽义务，有时是为了客户或老板，有时又是为了自己。这或许是一种最有趣的生活方式，不乏味而且具有很大的灵活性。

第三龄的到来对人们来说越来越重要。我们不能视而不见。每个人都应该将其视为生活中的一部分，并在物质、心理和技能上做好准备。企业应该帮助并督促员工提早做好安排，而不是等到退休前的两个月才开始筹划。这种方式将使员工在离开工作岗位后更好地开始退休生活，而不是仅仅一走了之。

政府部门也需要采取措施，让人们更轻松地获得自力更生的能力而不是依赖他人。人们需要更好的教育、技能提升以及新技能培训，对退休人员发放救济金也是可行的方式之一。要鼓励人们进行个人储蓄，要强制个人缴纳养老金，也可以要求企业为其所雇用的员工（包括临时工）缴纳养老金。

处在第三龄阶段的人成熟、经验丰富、自立而且精力充沛，可以成为社会的巨大可利用资源，但是他们也可能成为社会的负担。应该尽我们所能为第三龄的人创造机会，这也符合整个社会其他人的诉求。即将跨入第三龄阶段的人，目前在我们的企业中大部分还处于第二龄阶段。我们必须清楚地意识到，不应再欺骗那些在公司聚会结束后，简单说声再见就代表职业生涯结束的员工，不应再认为令人满意的退休生活就是年复一年地打理花花草草与看电视打发时间。人们应该面对现实，把每天上班的日子看作生活的一个阶段，应该惬意地以法国人所定义的"享受生活"的状态进入第三龄阶段。在我早期参加工作的时代，养老金的资金还比较充沛，因为每个人退休后的平均寿命只有15个月。那时除了有些大企业能提供比较好的养老保障外，其他企业都做不到。我们应该为生活在当今的社会感到庆幸。

BEYOND CERTAINTY

第 7 章

培养年轻员工如东风化雨

第7章 培养年轻员工如东风化雨

近期有一个非常难得的机会,我以顾问的身份参与了对阿拉伯地区的企业管理者教育与发展状况的研究工作。海湾合作委员会(GCC)成员国企业成功管理者的研究,由法瑞德·穆纳博士(Farid Muna)主持。由于我之前对阿拉伯国家的企业管理者了解甚少,一个明智的选择是对他们中一部分最优秀的人进行访谈。我想知道在成长过程中什么样的影响因素使他们受益颇多,什么样的因素让他们在前进的道路上一波三折。有超过50家成功大企业中的大约200名管理者接受了详尽的一对一访谈。

访谈的结果耐人寻味,在一定程度上是因为他们提到的影响因素在其他企业的成功管理者,包括我们身边的管理者身上也是真实存在的。

受访者总共列出10个因素,并按其重要程度进行排序。排在首位的是管理者接受过良好的教育。值得注意的是,91%的受访者有学位或文凭。在15年或20年后回首过去,他们认为在接受教育的过程中所获得的经验、心智的成熟、勤于思考的能力以及开拓的眼界,比自己所学的专业更重要。一项有关英国管理群体的类似研究表明,在英国只有不到56%的管理者拥有学位或文凭(在1975年对高层管理人员而言,这一数字只有24%)。

排序中位列第二的是一个人成长阶段身边榜样的力量。父母、亲戚或老师往往是我们所认识的唯一的榜样,他们对我们的影响比我们想象的还要大。父亲的所作所为预示着儿子的将来。一个在美国已经是百万富翁的公司高管,前几天向我描述了他早年的生活。他说:"我父亲从事保险行业,事业并不是特别成功,但他每天晚上回家都会和我下国际象棋,他是个国际象棋的狂热爱好者。其实下国际象棋就是要考虑两件事。"他继续说道:"首先,你必须考虑后20步或30步不同的选择和可能性;其次,最重要的是你不能因为自己的错误而怨天尤人。没有像打扑克一样抓到手的坏牌,没有玩骰子的孤注一掷,没有像轮盘赌一样的幸运弹跳,成功或失败都是自己的事。这些都是父亲通过下国际象棋教给我的,直到现在我依然珍惜这些教诲。"

正如一位管理者在访谈中所描述的,排名第三的因素是早年承担责任的经历或生意场上摸爬滚打的过往。在年轻时负责一些不太困难的工作和承担一小部分责任有助于建立自信。对有些人而言,一生中进入勇于做出决定并对结果负责的角色的时间太晚了。这个国家的企业家往往来自贫困家庭,或者是因为父母的去世而被迫早早地承担起家庭责任。另一项研究表明,一个国家最成功的移民是那些在年轻时经历过重大变故但仍然生存下来的人。如此看来,如果一个年轻人的日子过得太舒适,未来可能危机四伏。

清单中的第四个因素,受访者列出了职业道德与价值观的影响。他们谈到辛勤工作与职业操守、正直与诚信。许多受访者提到在这种情景下,自己信仰的宗教对他们产生的深远影响,其他人则举了家庭的事例。另一些人提到生活中使命感的重要性，指在工作中追求卓越与匠心精神。令人感到有趣与欣慰的是使命感被受访者多次提及。这个问题也许比受访者的意识来得更真实，如果人生没有使命，对一个人而言学习与发展的意义又何在呢？

在他们自己的心目中，这些都是促使成功最关键的影响因素。然而这四个因素在他们加入企业之前就已经具备了。这对于招聘人员来说是个好消息，但是企业的培训师则有些失落，因为对这些人的培训又少了很多内容。

自我发展因素排在第五位，指的是积极探索的思维方式、寻找学习或研究机会的冲动、将自己推向新环境的意愿、甘愿冒犯错的风险、甘心在探索新生事物时遭受非议。所有的学习都是一种投资，必须耗费时间或金钱以期未来的回报，但有时放弃自己的社交活动或业余时间可能会非常困难。这群阿拉伯人中最优秀的人做到了这一点，最优秀的日本人也是如此。日本的企业家曾经给我看过一张图表。底端的 X 轴代表员工的年龄或在公司任职的时间，垂直的 Y 轴代表员工在自我发展、学习、培训或仅仅在阅读上花费的时间或天数。在这张图表中，数据线横贯而上，向左倾斜——员工在公司的时间越长，学到的东西越多。企业家紧接着说道，"很明显，老员工的问题比较大，学习速度相对慢些。"在英国，我有时会猜测这条线是向相反方向倾斜的，员工在公司的时间越长，学到的东西越少。

培训（每位管理者每年 9 天时间）、技术知识、标准和反馈以及正规的职业生涯排在第六位——由于印证了最初的设想，我想这让研究的发起者松了一口气。清单最后列出了我认为可能并非无关紧要的因素，这个因素的恰当表述是问题导向文化。在这种文化中，循规蹈矩和职位被极度弱化，人们可以从错误中学习经验，同事是协同工作的战友而不是竞争对手，好的工作成果会得到直接和公开的奖赏。问题导向文化的塑造知易行难，尽管如此，这种文化仍是学习型组织最基本的元素（我记得有个同事说过，按照这种文化方式做事很难——如果他小时候这样做，就会因为被认为是个谎话连篇、作弊和招人烦的学生而被学校开除）。对企业来说也会是积习难改——企业希望确保员工不会犯错误，因此没有人可以从错误中吸取教训。员工并不是总愿意分享工作成果，职位总是比金钱能给人们带来更多的满足感——看看自己公司中不同职位的员工开的不同品牌的车就知道了。

罗莎贝斯·莫斯·坎特（Rosabeth Moss Kanter）的新书《巨人学舞》（When Gaints Learn to Dance）描述变革过程中美国公司的情节，让我有所感悟。她给企业领导者的最终建议是"培养好年轻员工"。接受访谈的阿拉伯管理者告诫我说，重仓年轻员工就是重仓未来。应该把更多的时间用在培养年轻员工身上，需要在更长的阶段内对他们进行更多的教育。在经济合作与发展组织（OECD）的国家排名中，关于教育的这两项指标只有希腊和葡萄牙落后于英国。当年轻员工进入公司工作时，应该给他们树立好事业的榜样，尽可能给他们机会去实践其所学到的技能，即使在工作中偶尔出错也不要紧。

BEYOND CERTAINTY
第8章

商学院授人以鱼还是授人以渔

我最近受邀参加了一个有多家欧洲公司高层管理人员参加的论坛。与会者应邀为部分会议制订议题，列出其在各自工作领域中最关注的有关未来公司发展的问题。

大家的意见出奇地一致。欧洲新格局的影响位于大家关注的榜首，它对于企业、新的市场、新的竞争对手及合作伙伴都会产生影响。关于产品责任对企业的影响关注度也很高——美国消费者的诉讼习惯会蔓延到欧洲吗？环境问题也是如此——如何确定法律的尺度才能让一家企业认为采用绿色环保措施是明智而且划算的选择？比别的企业更环保真的会有商业上的优势吗？日本企业永远是"地平线上的一朵云"，会被大家仰望。不过大多数人也认为，这些日本企业面临的挑战与其他的竞争对手并无差异，只是这种挑战的难度更大而已。

对一些管理者而言，技术问题是另一个关注点：如何迅速更新技术，才能在日新月异的技术世界里站稳脚跟？企业在竞争开始前的研发合作究竟是对还是错？技术与科学的发展会将我们引向何方？与此同时还存在一些普遍的人口学问题。如果奥利维蒂（Olivetti）⊖将今年所有从欧洲大学毕业的电子工程师录用，那么其他企业的新鲜血液将从哪里补充？企业会被永不休止地卷入本地人才的争夺战中，还是从欧洲较贫困的地区、印度、亚洲和非洲引进新的人才？对企业而言这些选择是正确的吗？所有人都认为女性在企业中会发挥更大的作用，但是如果

⊖ 一家意大利著名科技公司。——译者注

女性进入企业工作，传统的工作方式必须做出调整，没有人清楚这些调整究竟应该如何进行。

事实上，让一些有能力的男性或女性员工留在企业工作可能会变得越发困难。对于优秀的员工而言，外面的世界更自由而且工作压力更小。从事管理工作是令人兴奋的，对工作的要求也很高，但是能留给自己的时间太少，几乎没有时间跟精力做自己想做的事。正如一位管理者所说："我其实最关心的是我自己。我向往另外一种生活，但是不知道该从哪里入手。"一些管理者更担心日常的工作，比如如何管理现在在企业中占有股份的诸多合作伙伴、合资企业以及小股东。

我对这份清单上的问题十分感兴趣，因为我发现，据我所知大多数商学院的课程设置即便有也很少涉及这些管理者所关注的问题。商学院的教学不接地气了吗？我认为也不完全是这样，因为关注点不同。商学院关注的是企业中的低层管理者，这些人正在自己所学专业知识的基础上，为自己的管理生涯做准备。因此商学院的教学方案与课程设置侧重于解决企业内部或与企业直接相关的问题，如顾客、供应商或投资人的管理。这种方式是正确的。

随着管理者的职位逐渐提升，其视角及关注点也会发生变化。企业的内部管理工作即使不完全可控，至少也可以在任何时候都一目了然、深可见底。如果没有通情达理而且称职的管理者来管理，企业几乎不可能走得太远。正因为如此，在企业之外的不可控工作，现在成了最需要关注的重点。

如果有一所商学院可以教授所有你在普通商学院学不到的东西，那就太令人向往了。我曾向一所历史悠久的大学提出建议，由于没有教师可以教授高层管理人员企业管理及商业管理的课程，就可以把问题变成机会，我协助他们梳理了企业管理之外的课程体系，如国际政治、欧洲历史、新科学思维、人口和女权主义，甚至当代宗教、道德和哲学等课程。我认为他们可以为企业管理者开设这些课程。企业管理者大都能力很强，通晓商业理论。但是由于工作繁忙，他们所应该接受的更广泛的通识教育被忽视了，充其量只能草草浏览一下《经济学人》之类的杂志作为补充。换而言之，企业的高层管理者需要以创造性及系统化的方式来应对企业面临的层出不穷的新问题。

没有人能从管理学的教科书中找到问题的解决方案。正如彼得·德鲁克（Peter Drucker）所说，有关联邦制管理的最佳教材是丘吉尔所著的《马尔堡公爵传》(*Duke of Marlborough*)。

由于此前没有先例，这所大学对我的建议持怀疑态度。虽然他们的疑虑有些道理，但是在此之前世界从来没有发生过如此迅速及剧烈的变化。对管理者而言，企业要求他们做的很多事情之前他们并未做过，过去的经验也没有为未来的工作打下基础。如果要解放思想以应对未来，他们就需要去自己工作之外的其他领域学习，见见不同的人，听听其他的想法。这些男性与女性管理者每天还需要忙忙碌碌地跟人打交道。如果研究的结果没有偏差，管理者每个工作日独处的时间不超过10分钟。他们没时间去思考，即便知道思考什么也无从下手。

日本企业家认为生活中存在反学习曲线——由于问题变得越来越复杂，思考的速度也会变得越来越慢。人年龄越大，就越需要学习、倾听和思考。英国人过去曾希望所有的学习阶段都可以在16岁或至少21岁前完成。这种想法最终发生了改变，我们应该帮助人们在尝试突破自我之前，找到一扇通向新领域的门。或许企业的准高层管理者应该回到大学去学习一个学期，做一些年轻时没有腾出时间来做的事，专心致志地阅读、思考与交流。我不想把他们称为学生，实际上我更希望他们成为老师，每周组织一次研讨。依照我的经验，要想学到东西，最踏实的途径就是先教后学。如果一所大学愿意按此类方法做出尝试，这些阅历丰富的学生将会使学校所获颇丰。

BEYOND CERTAINTY
第9章

是否干活不由东，
累死也无功

我们应该消除一种偏见，即企业的股东拥有企业，员工都在为股东工作。绝大多数股东，无论是个人股东还是机构股东都没有把自己置于主人的位置，他们对企业的发展几乎都无所作为，不思考或不认为自己是企业的主人。股东这种无为而治的做法，不仅使企业的经营管理不尽如人意，出现偏差，也使法人治理结构出现空心化的现象，企业需要真正的主人来掌管。

按以前的风俗，在节日或婚礼上付钱的人可以让乐手演奏他们想听的音乐，这与经营企业相同。股东出资金、经营公司、承担运营成本、取得利润或承担亏损风险。也许将这些主要股东视为企业的"主人"是理所当然的。他们有权决定企业的未来，在必要时出售或关闭企业，他们是实实在在的与企业生死与共，对企业的发展承担着责任的人。现代公司治理的概念就是在那个时期形成的。

今天我们所处的时代已经不同以往。正如汽车文化贴纸上提醒我的那样，狗是我一辈子的朋友，而不仅仅是圣诞节那几天，但是我持有的股票却并非如此。只要我愿意，我可以随意买卖股票。大多数企业股东的角色跟我一样：企业的股票交易员，或者坦白说就是投机炒股的股民。其他一些股东也许将自己视为投资者，长期持有或者至少在企业执行发展规划的前五年持有其股票。

一些投资机构由于持股比例很高，以至于无论是否愿意，它们都必须作为投资者而不是股票交易员，这些机构在一定时期内被限制股票减持，并且不可避免地在未来的企业收购中扮演重要的角色。机构股东的持股比例意味着它们的投资偏好及意见应该在企业的决策中发挥着至关重要的作用，但是几乎没有企业认为哪怕有关一般的战略发展问题，征求机构股东的意见是重要的、必需的行为。机构股东只是投资者、金融家，而不是企业的真正主人，它们对企业与员工的健康发展所要担负的责任，还没有我对我的狗所应担负的责任大。

  这些所谓的企业主人的权力与它们应负的责任并不相符。实际上每个企业都在待价而沽，企业的董事长非常清楚，企业去留的最终决定权在这些对企业经营默不作声的局外人手中。机构股东的实际影响力必然超过其他人，所有企业的首席执行官花在与财务分析师沟通上的时间与跟员工沟通的时间一样多，他们认为比让顾客与员工满意更重要的是要让机构股东满意。

  我认为这并非企业经营的真正目的。任何一家企业经营的真正目的都应该是为越来越多的顾客提供更令人满意的优质产品及服务。企业要实现永续经营，获取利润是必不可少的经营活动，我想任何股东都会同意这一说法。但是现实的市场环境要求企业获取短期利润，企业把获取短期利润当成了目标而不是企业经营活动的一部分。

有些人寄希望于通过社会舆论来使企业短期逐利的做法发生逆转。工业大亨、银行家和政客都纷纷谴责短期逐利的行为，甚至那些正在采取这种做法的企业也在反思，把这种做法归咎于环境所迫。对一件毋庸置疑的合法事物大喊"这样做不对"，仅仅只能博得同情。如果要改变人们的行为，必须要改变做事的规则。

有些人则希望采取一些改善措施，比如在人们转让其长期持有的股票时免征资本利得税，以此鼓励人们采取更多的长期投资而不是短期投机行为。这种做法可能的结果是使投资者产生惰性，而不是成为企业真正的主人。有人建议采取AB股机制，只有持有A股（其中一部分股份作为公司管理者的股权激励）的人有表决权。在这种机制下，持有A股，也就是"员工股"的人可能会将股份打折出售，而持有B股的人依然我行我素，扮演着股票交易员的角色。

我认为就这个问题进行更彻底的反思是十分有必要的。在当今社会，完全拥有一家企业的理念是错误的。一个人可以拥有房产、土地或设备，但是现代企业的内涵远不止这部分固定资产——企业是通过员工劳动赋予固定资产更高价值的典型组织。"拥有"企业的员工显然是不正确的做法，而让那些在企业经营中默不作声的好比局外人的股东，拥有他们并不熟悉的员工显然更不妥当。把企业视为私有财产是不合时宜、违背人性，甚至可能是不道德的行为。

企业不是或至少不应该被当作用来交易的资产。企业本身是一个组织，需要的是组织的管理规则而不是企业所有者制订的规则。企业究竟应实施怎样的管理规则需要仁者见仁，智者见智。我们应该从政府或社会团体制定的治理规则中寻找灵感，而不是从资产交易规则中寻找解决方案。政府及非商业界的做法可以用来借鉴。在企业中，权责必须对等，要有划清责任边界的意识。在当今的大型上市企业管理中必须实施的分权行为也许是可行的规则，具体的做法是将企业的决策权（类似于政府管理中的立法权）与企业日常管理、审计或监管权（类似于政府管理中的司法权）进行分离。

将体现企业价值的股票出售或在证券市场上交易，毫无疑问仍是企业合理的举措。这种方式可以让企业获得新的融资，解决债务问题。股东在企业治理过程中被赋予一定的表决权，正如股东现在所做的事情一样。股票交易情况会被当作企业经营健康状况的晴雨表，但是股东不再是企业未来的唯一决策者。顾名思义，除非企业的董事会迫不得已同意签署协议，否则恶意收购不可能发生，但是现实情况却是企业迫于各种压力，这类收购依然不可避免。

分权治理结构被很多最优秀的大型企业开始采用，已经惠及所有的股东。可是仍然存在一个问题，究竟哪些股东最终会对企业的发展发挥作用，而且作用总是会超出预期？我们周围的大多数企业既不是最好的企业，也算不上大企业。这些企业需要良好的法律来支持其发展，就像给汽车配备的安全带一样。只有当法律对每个人都一视同仁地约束时，善意才会成为习惯。一项一般性的法规就能改变很多原有的做法，公司治理结构法规、新公司法的出台，都可以帮助企业填补关键的法人治理结构的空白，使它们重新找回管理企业的自尊。

BEYOND CERTAINTY
第 10 章

企业都在实行联邦制吗

君主制在当今的社会除了做秀外已经淡出历史舞台。所有欧洲人都认为欧盟的联邦制对于欧洲至关重要,然而英国政府却在求同存异,可能的原因是其曲解了联邦制的概念或者不信任联邦制的参与者。

企业家应该洞若观火地意识到国家间的这股潮流已经悄然影响到了企业界。正如老百姓不再是某个领主的奴仆,也不再是某个军阀的民兵,因而企业的员工也不再是雇工或可随意调遣的劳动力,他们是有独立意志与自我意识的个体。

同样的道理,政府发现在当今的社会不可能再闭关锁国,需要建立众多的联盟,签订经济条约,建立合资企业及合作伙伴关系。企业也发觉自立门户尽管很诱人,但是在很多情况下成本很高,风险太大。仅在1989年的最后3个月,就有近700家合资企业在欧洲成立,这其中还并不包括每家企业与和自身相关的供应商、代理商和咨询公司成立的合伙企业。今天的大多数企业在分工中符合二八法则描述的规律,由企业自己制造的最终产品或创造的服务附加值只占全部产品的20%。

与此同时,因为在社会管理的过程中有太多的变数,政府部门也发现不可能再以政府为中心进行社会管理。企业也意识到希望像制定列车时刻表一样,一次性提前规划与统筹好企业的各项经营活动几乎是不可能的事。首先,这样做的成本很高。其次,外边的世界变化很快,刚把列车时刻表制定好,乘客的习惯已经发生改变,竞争对手已经付诸行动,技术早已迭代,企业的整体规划还没开始实施就已经过时。

毕竟企业同其他组织一样也是一种组织形式。企业也许应该有更多具有凝聚力的共同目标，但是企业如同其他更大的组织——国家一样，也受到同样的压力，同样前途未卜，同样有主观偏好。当认为企业只是由人组成的机器，开始用工程学而不是组织及政治学理论的术语来评价企业时，我们已经犯了一个严重的错误。

以企业联邦制为例，既然作为企业，无论是否愿意都要不得已参与其中，更好地理解联邦制就是件好事。当实行联邦制的企业的中心在国外时，联邦制与中央集权的管理方式就大相径庭。联邦制是通过共同的目标将独立的企业联结在一起的一种组织形式，既然几乎没有企业愿意在国外设立子公司或合资公司，联邦制的形成就水到渠成。符合分工二八法则的企业就成了联邦制的组织。

正如雅克·德洛尔（Jacques Delors）⊖不断重申的那样，联邦制的基础是辅助性原则。我更愿意称之为充分授权。辅助性原则是将组织中的责任与决策权尽可能地向组织底层延伸的原则。辅助性原则也是天主教的教旨，指替他人做决定的做法是错误的。换而言之，企业联盟的发展史就是单个的企业聚到一起，同意联邦做一些与企业自己单干相比可以做得更好的事情，类似于国家职能中的国防、财政体系或企业中的集中采购职能。

⊖ 欧洲共同体委员会主席。——译者注

在充分授权的模式中，联邦制的中心仅做一些联盟成员不能完成的事，为联邦制的成员雪中送炭。

联邦制中的语言很耐人寻味，必须准确应用。联邦制有一个中心，而非总部。中心的作用不是"指挥"与"命令"，而是"协调"与"建议"。中心很小而且很不起眼，舞台的中央被留给成员企业。尽管两人都取得了很大的成就，但是有谁知道瑞士总统或壳牌国际石油公司总裁的名字？用理查德·佐丹奴（Richard Giordano）的话来说，联邦制的中心被喻为批评家、拉拉队长、乐队指挥等角色，影响力大于其做事时发挥的力量。道理很简单，你怎么可能对那些不归你管的人指手画脚呢？

为了把联邦制的企业维系在一起，各个企业之间也要像与中心那样紧密相连。每个企业应该都有别人想要的资源，也可提出自己的要求。相互依存与共同语言是政治理论中的原则之一。对于企业而言，共同语言以英语及支持每个人在任何时间与其他人交谈的包罗万象的信息系统为基础。科技消除了联邦成员对中心作为类似邮局信息中转系统功能的依赖，使得联邦成员间的实时联络成为可能。

联邦制实行分权制，制定规则、政策与战略执行、监管审计的职能是分开的。在如今的时代，实施联邦制的企业带着它们的智慧从世界各地聚到一起，在同一屋檐下讨论战略与目标，然后向共同制定的目标迈进。当监管机构看到基本规则被遵守，就会越来越多地将监督职责分包给联邦外部的监管和审计机构执行，而不再由一个小型的中心委员会来制定政策、执行政策与检查政策的执行情况。毕竟对于我们大多数人来说，当今的世界太复杂了。

联邦制因此不再是一个抽象的词汇，是把追求共同目标的多样化的企业联结在一起的方式。我认为这只是政治理论开始影响企业思维的一个例证。

还有一些其他的政治理论有待日后讨论，诸如权力与任期之间的平衡、不同类型民主形式的利弊或者企业所有者的权利与义务等。也许有人会说，我们在这方面的见地正在超越马基雅维利（Machiavelli）⊖。

⊖ 意大利政治思想家和历史学家。——译者注

BEYOND CERTAINTY
第 11 章

办公室里有职场病毒吗

我们似乎正处在组织无法有效运行的危险之中。

我说的不是所谓的 SBS（建筑物综合征），布鲁斯·劳埃德（Bruce Lloyd）在他最近发表的《写字楼与写字楼的工作——即将到来的变革》一文中对 SBS 的症状做了详尽的分析，这种现代病令大约 80% 的写字楼白领不堪其扰或患有其他类似症状。我要说的是一种更隐蔽但最终更致命的事物，或许可以称其为职场病毒———一种有两个变种的病毒。

上周一位知名大企业的人事主管告诉我，他的企业普遍笼罩着一种患得患失的氛围。不是害怕身体上的暴力威胁，而是怕工作偏离轨道，怕犯错误，怕得罪了不该得罪的人，怕达不到老板的预期或替老板"背锅"。由此看来今天最不安全的地方可能就是大企业的内部。谁知道如果本季度没有完成业绩预算，丧钟将会为谁而鸣？

在这样的环境中，其结果是人们都低眉顺眼、唯唯诺诺，扮演的都是事不关己、高高挂起的角色。这位人事主管说，这种地方不会吸引那些富有进取精神而且才华横溢的年轻人，而这类员工恰恰是我们在为企业做战略评估过程中提到的所谓稀缺人才。

以上的问题只是职场病毒的一种形式，还有另外一种更具魅惑力但同样危险的职场病毒。上周我邀请了一个努力上进的青年才俊喝酒。他说晚上 8 点之前不能赴约，工作团队晚上 7 点才能结束当天的工作。他的女友插话说，"在过去的 10 个星期，他周末就没有休息过，晚上9点前几乎都在忙工作。"这个年轻人声称，这是一个非常有挑战性与令人兴奋的工作，但是他也坦言，这也是一个失去事业与生活平衡的工作，他不知道在这条路上究竟能走多远。

这两种形式的职场病毒都源于同一个因素——管理人员及员工的工作效率低下。近些年来，制造业的生产率有了显著提升。现在那些坐在写字楼里的白领感到压力倍增。企业管理的基本做法是采取更严格的管控措施、更强的规章制度约束，希望员工更积极努力工作及工作更长的时间。这些措施都旨在让更少的员工完成更多的工作，但是这些方式都存在隐患。

企业如果采用更精简及扁平的管理架构，就只有在让更多的低级别员工承担更高级别的员工责任的情况下才会奏效。节省下来的成本来自管控人员、请示工作、核查工作以及核查人员的减少。然而，更多的责任则意味着更多的员工会主动投入工作，这也就意味着会不可避免地发生更多的失误。如果企业对这些失误做出处罚，把它们铭刻在公司的耻辱柱上，可以非常肯定的是再也没有人会发挥他们对工作的能动性了。发号施令与核查的管理层级会被再次建立起来，原来节约的成本会销声匿迹。

如果精简且扁平化的组织结构能够奏效，企业就必须投入大量的精力去帮助那些"听得见炮声"的一线员工做出正确的决定，而不是处罚那些做出错误决定的员工。员工在有问题的时候寻求企业的帮助，必须被视为每个人负责而非软弱的表现。如果错误发生了，只要我们准备接纳它，而不是试图为自己辩护或找借口搪塞过关，这种做法应该是一种不错的或许是唯一的亡羊补牢的方法。患得患失使这一切化为泡影，使企业僵化且循规蹈矩地遵守昨日的规则，而这些规则已经不能解决当前的问题。

就像一枚硬币的另一面，奋发向上的精神与挑灯夜战有可能听起来像是企业中积极的工作态度。这可能是企业的员工在面对新挑战、追求新成就时所表现出的极具感染力的热情态度。没有什么比在一个正走向成功的团队中工作更具感染力与令人激动的事了。然而如果事情走向极端，会导致员工对业务狂热的痴迷。对企业而言，可能意味着陷入戴着有色眼镜看问题及群体思维的误区，会树立起人们无所不知的信念，产生一种无所不知的氛围，前瞻性及客观性的做法变得没有存在价值。

尽管这样的氛围令人陶醉和兴奋，但也并不适合所有人的口味。事实上，一些人会避开这种贪得无厌的企业，因为他们不想让自己的生活如此单调乏味。这种做法会产生另一种特殊的危害，当企业需要的有才华的成熟女性员工想要进入企业的时候，会被阻挡在企业的大门外。

假日无休，为了赶时间乘坐的所有航班都是红眼航班，晚上跟周末照常上班，这些都不应该是美德。即使我们自己喜欢这种工作方式，把它强加于人也可能是愚蠢的。我们不仅要追求工作和生活的数量，也要追求工作和生活的质量。如果企业不这么做，将会被后来的企业超越。这并不是说最优秀的人鄙视经商这一职业，而是他们不能忍受某些商业企业的做法，担心被患得患失和从众心理所吞噬，或者在企业的工作激情中变得过于贪得无厌。

BEYOND CERTAINTY
第 12 章

找寻理想国

第 12 章 找寻理想国

"晚上好,先生,我可以确认一下您的身份吗?"

我对这种令人感到不安的提问感到有些生气,但这位提问题的女士只是要在我的停车罚单上盖章而已。在洛杉矶,我必须重新学习这里的说话方式。

令人称奇的是这里的一切如此欣欣向荣。阿维斯出租汽车公司(Avis)的工作人员在检查租给我的车时,腰上挂着一个如同手机大小的设备,正像他们的广告说的那样,不到一分钟就打出了一张详尽的收据。淋浴莲蓬头的水流是如此之强劲,以至于会把你冲个跟头,冰箱大到人都可以坐进去,每个家庭似乎都有一个百万富翁才有的厨房。我提醒自己说,这是一个富裕的国度。

然而这不再是一个人人都能致富的国家,人们原来的梦想已经黯然失色。它不再是一个充满积极向上精神的乐观主义国家——以往我每年都会来这里打打鸡血,以便再次迸发热情,在回家时我会相信只要足够努力,一切皆有可能。

在这一次我来到洛杉矶时,空气中弥漫着太多的疑问、不确定以及恐慌的气氛。里根总统曾称减税与增加政府支出的财政政策应该相得益彰,事实证明这一举措是错误的。有些问题终于开始逐渐清晰起来,20 世纪 90 年代的美国将不得不为 80 年代自己的行径买单。海湾地区的沙漠中也存在着另一场越战的隐患,尽管让世界各地的富人为作为"世界警察"的美国买单是公平的,但是美国仍处在不得不为自己的军队筹措军费的尴尬境地。

工作也成为一种焦虑。工作，而且只有工作才能让人获得安全感。人们开始警醒，企业不再是他们心中的避风港，安全感也不再是金钱或金钱能买到的东西。

劳伦斯·西姆斯（Lawrence Shames）在他的《贪得无厌》（*The Hunger for More*）一书中写道，在20世纪80年代，能被贴上价格标签的东西才是有价值的。宝马汽车、公寓、万宝龙钢笔、游艇和奢华的假期，这些都是成功的标志。人们开始欣赏成功的标志，而不是他们所获得的成就。

如今，有些美国人开始反思，就像一位富裕的商人问我的问题一样，"即使你赚了很多钱，那又能怎样？"市场行为尽管有很多有优点，但也不能把一切都贴上价格的标签。并不是所有的东西都能从超市的货架上买来，比如幸福的家庭生活、阅读带来的愉悦、给别人的生活出谋划策，抑或是夏日夜晚河边的悠然漫步、和朋友聊天以及夜晚的安睡。

在美国举办的一次研讨会上，一名法国学生用带着些许傲慢却令人愉悦的法式简约风格跟我阐述了这一观点。他说："在美国，人们知道如何工作，却不知道如何生活。在法国，我们知道如何生活，却不知道如何工作。"这两者难道不能做到水乳交融吗？

美国希望涌现出新的"人们投入更多精力"的事物。虽然对于很多人来说，赚更多的钱、获得更多的成功标签一直被作为奋斗的目标，但是这些人的做法将不再是时代的主旋律。劳伦斯·西姆斯说，人们会更多地欣赏生意场外的美好事物，更多地关注目标，更多地下决心选择生活，而不仅仅是一种生活方式。有迹象表明，这些"人们投入更多精力"的事物可能会为美国创造新的发展空间。

我们希望美国一直是未来的领路人，但是大家也不能盲目跟随它的脚步。我不希望未来有一天，你因为离开时喝醉了，就被人怂恿起诉举办聚会的主人，或者因为家里六岁的孩子在朋友家的花园里玩耍时摔掉了一颗牙齿，就起诉他的父母。

我认为我们可以从美国优秀的传统中得到启示，即使美国人自己也并不总是能做到这些。最重要的一点是他们坚持无论男女，人生而平等，每个人的命运掌握在自己手中。我们不应该被个人的出身所困扰，听天由命，等待他人的救赎。企业应该像选择我们的生活一样规划自己的未来，描绘自己的蓝图。这件事如果等待"别人"去做，就会像戏剧等待戈多的结果一样，戈多是不会来的。

大家依然应该借鉴当年美国先驱开疆拓土的精神，当时他们秉承有一个崭新的光明世界尚待建成的理念，只要不断前进与足够努力，黄金时代就并不遥远，就在不远的地平线处。这在过去是，现在依然是一种甘愿冒险、不畏错误、敢作敢当和期待回报的时代精神。

在美国的这些传统之上，欧洲也可以附加自己的传统，那就是与生俱来的历史感及与众不同的时间观念。短期主义不是欧洲的传统。还可以补充一点，我们认识到并非所有人都是开疆拓土的英雄，弱者也应有他们的地位和贡献，应该得到重视与保护。这其中包括我们的父母、祖父母，如今还包括我们的曾祖父母。

大家也清楚，一个社会组织最终是因为如何花钱而不是如何赚钱被人记住的。当然，首先是你必须得赚到钱，我们在这方面总是做得不够好，这件事的底线是一开始要赚到钱。我有时候觉得除了企业之外，政府以及我们所有人都要牢记这一准则。

欧洲与美国存在两种传统与文化，我们需要兼容并蓄，取其精华，去其糟粕。

BEYOND CERTAINTY
第13章

失落之城的启示

海尔·凯勒先生（Herr Keller）是德累斯顿（Dresden）的副市长，德累斯顿地处德国东部，但目前并不属东德⊖管辖。凯勒先生曾是一名工程师，几乎一辈子都在德累斯顿的一家研究所工作。直到去年2月，当他步入中年的时候，他才意识到是该为了这个国家新时代的发展尽自己的绵薄之力了。他当选为副市长，任期4年，现在负责城市的重建工作。让一个美丽的城市重现昔日的辉煌是一项艰巨的任务。德累斯顿以其艺术、音乐、戏剧，当然还有梅森瓷器而闻名于世。

第二次世界大战结束前两个月的一个夜晚，德累斯顿被盟军的轰炸机夷为平地。战后新一届政府拆除了大部分战争遗迹，扩建了主干道，达到了足可以容纳24人并行的宽度，拆除了被炸弹袭击后仍然屹立不倒的市内唯一一座哥特式教堂。尽管包括歌剧院在内的一些漂亮的老建筑已获重建，但市中心的大部分区域还是一片瓦砾，40%的房屋需要紧急修缮，8%的房屋几乎完全无法居住。歌剧院旁高耸的烟囱把棕色的烟雾排到天空，燃煤产生的硫化物将城市笼罩在一片污浊的空气中，污水未经处理就被排放到位于城市中心的易北河中。

物质问题还不是他最担心的问题，更大的问题来自于心理与文化的扭曲。老百姓已经习惯于被告知做什么、住在哪里、吃什么以及信仰什么。自1932年以来，直到去年3月才举行过正式的选举。由于地理位置的关系，德累斯顿无法接收来自

⊖ 1990年东西德统一。

第13章 失落之城的启示

西方世界的电视信号,因此他们对柏林墙之外的世界一无所知。凯勒先生提醒我说,这是一个中央计划经济的体系。"但实际上没有计划。"他挖苦地补充道。

自由伴随着选择,因此也带来了责任以及选择错误所带来的苦果。所有权的归属也伴随着严苛的责任,在1945年以前有4万人蜂拥而至,争先恐后地宣称这片土地与房产都是他们的,但是当发现拥有房产的同时还要负责维修与养护,他们中的许多人又放弃了自己的所有权。自由意味着机会,但同时也意味着失败的概率。在德累斯顿没有人愿意看到这样的情景,实际上在今年或明年的冬季有700家企业都待价而沽,但是其中有些企业的确卖不出去。市长说:"我们卖企业的同时不能把自己也卖了。"去年买一辆特拉班(Trabant)轿车需要等候18个月,而今年则根本无须等候。对一些企业而言这也许可以被称作成功,但在东德,这意味着1990年后特拉班牌轿车已经不再有市场。

并不是每个人都喜欢现在进行的变革不足为奇,尤其是那些曾经高高在上坐在大办公桌后,而现在却失业的人。一些西方公司的中层管理人员也是如此。他们的未来索然无味,黯淡无光。凯勒先生收到了很多恐吓信,他的房子与花园都被人毁了。他每天都被紧急文件、社会团体及需要决策的事宜所包围。他是一个谦逊而低调的人,希望帮助他的城市重现辉煌。"那要多久?"我问他。"三四十年。"他说。"那您还有多久的时间?""4年时间。"他微笑着说。他的薪水很微薄,大概每年1.2万英镑，在德累斯顿也没有比这低的薪水。如果他失败了，将会被贴上失败的标签，其他的工作也不会再眷顾他。如果他的工作被人们认可，可能还会再干4年。我认为他是我见过的最沉稳而勇敢的人之一。

当飞离德累斯顿时，我深深感到这个城市对于许多大企业来说是一种启示，中央计划经济下大多数人都在等待"别人"告诉他们如何行事、去向何方、如何思考。在这些地方，很少有人能从其他企业了解到这些企业是如何同他们合作的。在这个舒适的藩篱中，高层以下的员工几乎没有什么决策权，但是承担的风险也很低。

现在许多这样的企业正在进行内部分拆，将企业分拆成独立运作的部门，如战略事业部、利润中心，甚至是独立的分公司，将责任与决策都进行剥离或者下沉。如果企业想要快速应对风云变幻的世界，降低总部成本，这些做法都是至关重要的。正如在德累斯顿，人们发现尽管年轻人及睿智的人喜欢这种无拘无束的滋味，但是大多数老百姓并不认可被赋予责任、权利与义务。也正如德累斯顿所经历的一样，也许可以用4年时间来改变人们的心智，但重现这座城市的辉煌可能要经过一代人的努力才能完成。和德累斯顿同出一辙，企业也需要自己的凯勒先生，但我希望企业对他们更加珍惜，让他们获得更多的回报。因为正如我问凯勒先生为何要这么做时他给我的回答，"今天正是重塑未来的良机，我无法与之擦肩而过"。

BEYOND CERTAINTY
第14章

应该多交税吗

最近我听了一场耐人寻味的演讲,主题有关欧洲和美国的薪资水平。第一张幻灯片展示了各国企业的高级和中级管理人员的总工资水平。不出所料,排在第一梯队的是瑞士、德国和奥地利,令我惊讶的是美国在第二梯队,英国则屈居第三梯队。

第二张幻灯片的演示内容是边际税率的差异,取值为每个国家的最高税率。瑞士、奥地利和德国再次跻身第一梯队,瑞典也加入其中。英国再次跌入第三梯队,但这次英国的税率水平非常低,几乎在所有欧洲国家中垫底。

第三张幻灯片展示了各国的国内生产总值(GDP)。排在第一梯队的依然是瑞士、德国和奥地利,在第二梯队中垫底的依然是英国。毫无疑问这些幻灯片演示的结果之间可能存在某种联系。

换而言之,第一梯队的国家是否在不经意间找到了螺旋式上升的成长方式?高工资意味着人们可以负担得起高税收,但依然生活得很富裕。高税收继而可以用来改善基础设施的质量,特别是交通与电信设施,最重要的是教育质量能得以提升。基础设施质量的改善又使生产效率的提高成为可能。因此证明了高薪是合理的,仅此而已。

英国已经陷入了另一种恶性循环之中。幻灯片提供的数据表明,低税收似乎允许低工资与低报酬的存在,在理想的情况下应该会降低劳动成本,但实际上只会鼓励企业雇用更多的员工,生产效率更低。这两个因素产生的原因正是我们国家的税收太低，导致教育质量的降低及交通基础设施的缺乏。

当然低税收的做法也不是人们有意为之。人们希望低税收能鼓励大家更努力、更长久地工作，为此能留存更多的回报。

同样地，拥有和经营企业的人会意识到，如果现在把一部分利润用于工人的教育和发展，最终会获得更多的利润。这样做反过来将减轻纳税人的部分教育负担，使进一步减税成为可能。

这是一个大胆的设想，但不幸的是，没有丝毫令人信服的证据表明较低的税收能让人们更加努力地工作。现实似乎恰恰反其道而行之，高税收使我们必须更加努力地工作，以便有足够的收入维持家用。没有人会抵触减税措施，谁又会拒绝干同样的活而能赚更多的钱呢？但是企业激励员工的方式是税前工资，而不是税后工资。试问一名员工能赚多少钱，看看有没有人能告诉你他的税后工资是多少，甚至是否知道税后工资指的是什么。

然而低税收确实是一个"保健"因素，它可能不会产生激励效果，但是低税收的确会使国家或企业更具加入的吸引力。较低的边际税率会吸引富人和成功人士回到英国，让有才能的人觉得融入这样的国家是一件有价值的事。降低税收肯定是个好消息，或许这是企业迈向成功至关重要的第一步，然而当今社会需要改变企业的成长方式。一位企业的首席执行官如是说，"一半员工，两倍薪水，三倍产品，这就是我的成功秘诀。"这对于英国来说也是一个很好的模式，从理论上讲，这样的企业会衍生出其他类似的企业。

让企业进入新的螺旋式上升的成长方式是一项艰巨的任务。不能一开始就把工资提高一倍，然后指望后面的事情顺其自然地发生，同样道理，一开始把税率提高一倍既不得人心而且效果不佳。也许我们应该从事物的另一端寻找答案，比如在东德，零税收、工资少得可怜而且公共事业糟糕透顶。但是在那里，一家普通制造企业的员工的专业结构宛如"梦之队"。在业纳公司（Jenoptik Gena OmbH），27.6%的员工是大学毕业生，64.3%的员工是熟练技工或有技术资质的技工，只有8.1%的员工是已受训或未受训的技工。

我愿意打个赌，东德用不了多久就将进入目前西德所在的前三甲的第一阵营。如果他们可以做到，我们也可以紧随其后。政府与企业对于人才素质的大幅度提升不需太多投入，只要有一些资金、一部分企业的参与以及干好这件事的决心就足够了。假以十年，我们就可以开始支付更高的工资，得到更好的工作，甚至可以准备以高税收的方式支撑螺旋式上升的成长方式。

BEYOND CERTAINTY
第 15 章

众人划桨开大船

上周我在东京市中心的街头漫步时，看到许多人戴着口罩遮着鼻子与嘴巴，给我留下了十分深刻的印象。我不禁想到在这个也许是世界最富裕的城市，污染对人们的影响也无处不在。晚上我跟我的日本朋友提起这件事时，大家都笑了。"人们并不是想通过口罩阻隔污染的空气。"他们说，"现在这些人得了流感，他们不想把自己的病毒传染给别人，所以戴着口罩。"

从某种意义上讲，这是典型的日本人做事风格，理性而体贴，同时关注他人感受。东京也许是一个熙熙攘攘、工作生活压力都很大的都市，但是这里也是一个和平的城市，一个没有暴力威胁的地方。这里的人都极其守时，每个人做事都准时准点，公交车与地铁一班紧接着一班发车，这也常常让我感到有些吃不消。这里也是一个人们工作非常勤奋的地方。

"事实也并非如此。"我的朋友们说，"你对我们的理解有些偏差，我们每天是在长时间工作，却不是在努力工作。每周有一两个晚上必须跟同事一起去酒吧或餐馆，每当有新人加入或离开部门，也需要参加无休止的公司聚会。企业一年有三周的年假，但是从来没有人把年假都休完，几乎所有人都要工作到晚上七八点钟才下班。这么做都是因为集体，你瞧瞧，集体非常重要。"

在日本我的确感受到了集体意识，然而只有些许羡慕。日本人对集体的承诺，对部门的承诺，直至对企业的承诺所取得的效果都是众所周知、有目共睹的。各方面的经济数据分析也取得了惊人的成效。然而守时的约束和整齐划一的原则（我注意到每一个戴口罩的人都同样干净整洁），在某种程度上是集体的专制，表现为来自于同事的压力。人们循规蹈矩，身体上与心理上缺乏任何的私人空间。有些方面我觉得难以忍受，因为这样做会限制我的个性、权利甚至是义务，使我很难特立独行。大多数日本人并不认为这是个问题。他们会问，我为什么要与众不同呢？

我儿子最近在伦敦的一所戏剧学校学习。由学校挑选的24名学生参加了为期3年的强化课程学习，每天全天上课，而且不能缺课。24名学生在一起整整度过了3年，这让我感到很震惊。迄今为止，我对儿子所有的教育都在强调个体发展与个人成就。而现在一定是集体意识在起作用，每个人都必须做好每件事，都必须与他人和睦相处，互相支持，因为一个蹩脚的演员会毁了所有人的演出。除非大家都成为明星，否则不会出现唱独角戏的明星。

令我惊讶的是，我儿子喜欢这样，实际上这个集体占据了他的生活。他没有交别的朋友，把所有时间都花在集体活动中，即使生病了也要跟他们一起上课。他放弃周末的时间跟同学一起排练或参与重要的节目，而且从不说他们的坏话。这些非常像日本人的所作所为，但是有人告诉我，伟大的戏剧团体必须如此，或许所有伟大的团队也同出一辙。

我曾开玩笑说："一支英国队就像八人赛艇比赛中的桨手，

八个人倒退着前进，彼此没有交流，由一个身材矮小的看不清前进方向的人掌舵！"我自认为这是一个绝妙的解读，直到观众中一位老桨手告诉我，如果他们没有无休止地练习，没有全身心地投入到彼此的信任和共同的目标中去，就没有信心在沉默中倒退着前进。他说，"你刚刚对什么是一个伟大的团队做了定义。"我尴尬地对他的说法表示赞同。

毫无疑问，如果采用全身心投入赛艇比赛或戏剧演出的日本式集体合作方式，大家的企业都能从中受益。整个国家的经济、客户以及集体中的每个人也会从中受益，但是对此我也有些担忧。当我在日本的时候，日本人正纠结于自己在海湾战争中的角色以及盟友对其推迟捐赠军费的质疑。尽管日本是世界上最富有的国家之一，但我的朋友对日本缺乏的强有力的政治领导和对整个世界的责任感感到遗憾。朋友们补充说："我们只沉溺于自我与自身的发展，已经忘了去找寻前进的方向。"

最好的方式是采取鱼与熊掌兼得的中间路线：将联系紧密的集体与自由的个体相结合。人们参加赛艇队只是为了比赛，这不是生活的全部。大家需要抱团取暖，但也不能总是抱在一起。要专注于企业承诺的目标，但也不能是只关注企业本身自私的目标。现在的日本人可能需要向英国人学习，多考虑他们对于世界的责任。同样地，英国企业及英国人也可以向日本人学习，毕竟除了集体之外，对他人多些体贴以及礼貌，多关注些小事，甚至多守些时、少些邋遢总是有益的。

BEYOND CERTAINTY
第16章

提高标准是否已经时不我待

"这位姑娘的择偶标准是什么？"母亲过去常常问我带回家的历任女友这个问题。这也曾让我很生气，有部分原因是我真的不知道她老人家在说什么，还有部分原因是我思忖过这是一个至关重要，但我不想回答的问题。

时至今日，我发觉自己也在频繁地向企业提出同样的问题。我经常自言自语，这个企业的标准是什么？与往常一样，这时我也不确定自己在说什么，不知道自己在找寻什么，但通常在我一走进企业的接待区，亲眼所见时就知道答案了。标准与企业待人接物的方式有关，包括如何对待为企业工作的员工和其为之提供产品与服务的客户与消费者。标准还与企业的活力、员工对其他人的态度是微笑还是愁眉苦脸有关。

不仅如此，关于标准的定义还与企业的工作出发点与目的，以及管理层与老板如何看待他们的工作有关。最重要的是，与他们心目中"什么是足够好"的理念有关。"我及格了，对吗？"我有一次对曾经抱怨我不够努力的校长说。"是的，你的成绩是过关了，但是你没能让自己百尺竿头更进一步。"他的回答聚焦在一个关键的问题上——每个人都有自己的标准。那么如何设定这些标准，如何知道这些标准是否足够好呢？

上个月一位德国的企业家对我说："作为英国人你们很不幸，生活在一个岛上，由于离不开自己的地盘，不知道其他人如何生活，也不知道其他国家所期待的标准是什么，你们将被自己的狭隘所毁灭。"

不得不承认，这位德国人说的有一定道理。又有多少企业管理者会花精力去分析近在咫尺的竞争对手的企业标准，来与自己企业的标准进行对标？经常会发生的情况是，直到有一天，这个自命不凡、自我封闭的舒适圈，会被来自圈子之外有着完全不同标准与期望值的人所撕裂。当来自日本的竞争对手大幅度地蚕食美国汽车与家电市场的份额时，美国人惊呼"公平何在"。并没有什么不公平存在，大家只是运用了完全不同的标准与期望值。

一家企业的管理者曾对我说，"可否帮助我们改善企业的管理？"他们甚至不清楚自己想在哪些方面做出改善。"我帮不了你们的忙。"我回答说，"但是你知道有些人能做到。想想你遇到的一些在某些方面做得不错、你很佩服的企业。去找找它们，问问你能不能学习一下它们的方法，注意选择调研的企业不能是你的竞争对手，回来后把方法运用到自己的企业中。"

这些管理人员去其他企业观摩并学习，但是结果却并非所愿。他们没有学到新的技术或点石成金的管理技巧，却发现一些企业的预期故障率比他们的高100倍，缺勤率低10倍，在类似的情况下，新产品开发时间缩短了5倍。不同企业的标准是不同的，仅此而已。

最近类似的组织学习方式获得了一个新的定义——标杆分析法，依据其他企业的职能或所处行业的最佳实践与本企业对照比较，通常被选取的企业来自与本企业所处行业完全不同的行业。企业应将这种分析方法凝练为一种根深蒂固的习惯——制订的标准不仅要足够高，还要尽可能再提升要求以及超越自我，避免沾沾自喜、自说自话的虚假繁荣出现。

如今最明显的故步自封的例子不是英国，而是东欧国家。这些国家经过40多年检验的事物、工作方法以及习惯在面对与西方国家的竞争时，还是不堪一击。

到目前为止[⊖]，面对整体的工业体系瓦解，国家间的经济互助委员会也面临解散，东欧国家不认为自己的做法有错误。它们当时并没有超越本身的设限，用其他国家的标准来衡量自己，等到能采取措施时为时已晚。不过他们提醒我说，此事对于东欧人来说却在生活方式上有所弥补。当额外的工作或努力得不到鼓励与回报时，大多数人会把精力投入到人际关系和家庭与社区生活的仪式感上。由于存在着大量易货交易，金钱变成了一种相对无用的商品，抢劫、卖淫、赌博甚至暴力威胁也就相应减少。随着西方资本主义体制的发展，东欧可能会摆脱最差的旧有藩篱，迎来最差的新生事物。

同样，我也同意标准不仅仅是衡量效率、生产力和质量的标尺，毫无疑问它也关乎我们所做事情的意义和目的。作为网络化有组织犯罪的旁观者，人们仅仅对黑手党的运作表示讶异而非羡慕。如果自由的企业和市场被视为腐败和剥削的敲门砖，那么西方世界将背叛自己的标准。资本主义制度或许应该成为

⊖ 1989年曾发生东欧剧变。——译者注

人们改善生活的手段,而不是目的。

虽然比东欧国家的处境稍好一些,但是处于后单一市场时代的英国也将面临一些困境。除非提高工作标准,否则我们可能会难以维持生活与生存的水准。机会却恰恰相反,我有一种比较冒进的想法,如果提高工作标准,英国可以在生活水准方面为新兴的欧洲国家提供很多帮助。然而留给我们的时间已经不多了。

BEYOND CERTAINTY

第 17 章

数字无法衡量的资产

第17章 数字无法衡量的资产

"如果不能用数字计算清楚,那么它就不能作数。"这句话听起来合情合理。在企业中工作成长时,这个理念的确是企业灌输给我的一个工作原则。这也许可以解释在最近的统计中,为什么世界上有那么多会计师。来自不同会计机构的注册会计师在英国有超过17万人,而在法国有2万人,德国有4000人,在日本有7000人。

当然,这些国家对"会计"的定义是不同的,因此对于会计师的统计数字在严格意义上讲并不具有可比性。在英国的17万名注册会计师不是所有的人都在英国工作,实际上大多数人不是以会计师的身份执业,他们的角色是企业的管理者。在法国、德国和意大利企业的董事会中,工程师和科学家济济一堂,而在英国企业的董事会中,会计师则星罗棋布。

这么做有什么弊端吗?我的一些最优秀、最聪明以及最睿智的朋友都是会计师。这些人的素质无可挑剔,人们争议的焦点是他们的思维方式。会计师接受过专业训练,但在很大程度上仍然是以审计员,或者说是以企业稽查员的方式在工作,习惯于向后看而不是向前看,在评估企业的发展上谨小慎微、规避风险,仅仅就他们看得见摸得着的事物进行评估。这是一种完全适合审计员的工作方式,却并不总是适合成长中企业的领导者。

与之相反,企业应该要求会计师去计算那些他们摸不到的东西——公司的智力资产。大多数成长型和成功型企业的市场价格，相对于其实物资产的拆分价值，都有十分可观的溢价。这不是市场中的反常现象，而是一种认知，即认为企业的品牌、正在进行的研发、员工的专业性、分销和供应渠道等都具有价值，而单纯地用"商誉"来描述这种价值并不恰当。1988年，菲利普·莫里斯（Philip Morris）以129亿美元收购卡夫（Kraft），其中只有不到20亿美元是可以看得到摸得着的资产，其余的都是"无形资产"。帝国化学工业公司（ICI）在被收购时，提醒人们注意其拆分后的价值高于市场价值这一事实，不经意间解释了对于任何能够释放其估值过低的智力资产的竞购者来说，它也许是一个诱人的标的。

此外，企业应该要求会计师通过测算、计划如何开发和利用企业的智力资产，与计算企业的过往业绩一样来谋划企业的未来。会计师应该审视企业将来如何与竞争对手进行角逐，不仅仅是如何尽可能提高市场份额，还包括新产品与服务的引进速度，要把谋划智力资产的投资与厂房和机器设备的扩张放在同样重要的位置。

由于数字不能计算的东西不能作数，目前存在一个很大的困扰，比如英国工业界对长期研发有一种固有的偏见。SCITEB战略咨询公司最近发布了一份耐人寻味的报告，表明除了化学与制药行业外的英国上市公司，其他企业根本不重视研发。

其他数据表明，有关投资者的态度与各方面投资所占百分比的数据也适用于更普遍的人力资产投资。尽管企业说要把员工计入资产,但实际上员工被列入的是成本而不是资产,因此企业有充分的意愿来降低成本,而不是积蓄更好的人力资产。试想如果企业的核心员工像足球运动员一样在市场上被明码标价,转会费支付给公司而不是个人将会怎样?

也许对企业未来的谋划应该成为企业年报中的一项要求,而不是作为账目的附件列入年度账目。对于那些认为任何对未来的谋划都会向竞争对手泄露企业机密的人,我只能说他们似乎从未阻止企业在为新的资本进入而按要求准备的招股说明书中披露类似的,甚至更多的信息。如果企业关乎未来的信息对新投资者如此重要,那么为什么现有投资者不需要这些信息呢?

然而应该担心的不是公开投资者,而是企业的董事会与高层管理人员所关注的项目。只要这些人的思维受到审计哲学的制约,企业就会不可避免地陷入保守思维,低估智力资产的价值,只会按会计师的逻辑计算企业的价值。

当然,就像在德国与日本实际发生的情况,企业可以阻止会计师进入企业董事会与高级管理层。然而在英国,这样做会摒弃最优秀的人才。到目前为止,如果有必要的话,比较好的方式是通过法律改变核算逻辑,以及我们所有人的思维方式。值得称道的是,一些会计机构正在重新考虑按企业的需求开展培训,这些措施是为下一代企业的管理者准备的。我关心的是20世纪现有的企业该怎么办?

BEYOND CERTAINTY
第18章

做小而美的企业

第18章 做小而美的企业

我有时认为,面包是识别欧洲国家的线索。正如每个国家的面包不同,无论欧共体的官员如何痴迷于规则或醉心于权力,都不可能通过立法强制各国进入欧元区。我仅凭面包的味道就可以辨别出不同的国家,每个国家面包店的味道都不一样。

欧洲幸福的源泉在于差异化。对于欧洲而言,一部分发展机会的产生来源于不同邻国间的互相学习。不断探索国家间的差异对人们来说是有益的。

国家间的差异不仅仅只是面包。例如,意大利就是一个谜一样的国家,这是一个声称比英国更富有的国家,现在已经开始把地下经济的收入纳入官方统计数字。当然,今年夏天那里的人们似乎都生活得很好而且很健康,几乎没有经济衰退的迹象,唯一的烦恼就是周日很难在餐馆里找到个可心的地方吃传统的午餐。

然而,意大利的城镇里并没有充斥着类似博姿化妆品店(Boots)、杜赫斯特购物中心(Dewhurst)、史密斯书店(W H Smith)和巴克莱银行(Barclays)之类的商业设施。无人知晓大型超市,每个城镇只有一个小超市或合作社。意大利没有连锁超市及连锁百货店,也几乎很少有工业集团。家族式经营仍然在意大利盛行,这里所说的家族并非指黑手党。

大多数意大利人对于包括大型商业组织在内的机构存在着很深的芥蒂。他们喜欢将权力置于触手可及的地方,只与那些能够或者必须信任的家族成员分享。在意大利,人们需要家族的支持才能找到工作或凑齐买房的资金，因为没有哪家抵押贷款公司提供的贷款会超过房屋总价的60%。

因而家族企业构成了意大利的经济支柱，家族企业与德国的中小企业一样，是通过把小事做好而致富的企业。例如，企业将叉车升降机或煤气灶燃烧器的制造视为产品中看不见但至关重要的部件。"企业最好不要做大"是家族企业的首选致富之路，将企业做大意味着最终会不可避免地与你不够了解、无法信任的人分享权力。

令人惊讶的是，这些松散的、网络化的小企业似乎总是能比其他国家的竞争者更快、更便宜地生产出更好的产品。在某种程度上，家族企业会在没有官僚作风的组织机构的情况下实施管理，而这正是英国所需要的。一个有官僚作风的组织机构的成本很可能会超过它所创造的附加价值。

英国人永远也不会成为意大利人。在英国，家族企业在很多家族中被视为要极力摆脱的羁绊，但也许我们可以从意大利朋友那里学一些更基本的做法。显而易见，在意大利不需要为了控制组织把所有的事都交给自己的企业来做。

建立在互惠互利基础上的企业联盟同样有效，而且成本也低得多。

更重要的是，人们也许应该对那些用首字母缩写而不是以名字命名的机构、企业或组织打个问号。可能这些地方的确是意大利人脑海中缺乏独立个性，由规则而不是爱与信任管理的

第 18 章 做小而美的企业

原因所在。或许那些更大的机构并不像看起来那样可靠或者富有成效。

也许我们应该更清楚地认识到"工具人"假设的谬误，这种做法的危害在于把人当成工具和实现企业或社会目标的手段和机器上的齿轮，而不是有名有姓、与众不同和能控制自己未来的独立个体。

正是这种工具人误区在破坏着许多英国的企业。最出色的年轻人不会选择去这类企业工作，他们是独立的个体而非工具，时代也在随着他们而变化。富裕的社会将会为品质、服务与定制化的东西支付溢价。只要企业做好自己所擅长的事，就可以是富足的小而美的企业。新开张的小面包店就是一个佐证。

在研发需要巨量资本投入的项目以及全球化经营过程中，大企业有着自身的优势，而企业联盟也可以发展从合资企业到特许经营的方式，比中央计划经济下的企业发挥更大更好的作用，尽管联邦制在权力涣散的情况下似乎会有更多的困扰。毕竟由中央集权管理事务这件事，无论是苏联还是英国国民健康计划（NHS）交出的答卷都没有让人满意。

在所有的资本主义经济体制中，英国的大公司（采用集权管理方式）所占的比例一直是最大的，似乎未来这 200 家企业将控制整个英国的经济。这个夏天我在意大利对这一设想产生了质疑，也许看着有些混乱的意大利人掌握着一些人类的真理，而无视这些真理会将我们置于危险的境地。

BEYOND CERTAINTY
第19章

直面职场的日本女性

第19章 直面职场的日本女性

日本的职场正在发生变动，女性正在逐渐进入职场，对男性的工作投来探询的目光。至少岩尾（Iwao）教授在英国皇家艺术、制造与商业促进会的一次精彩演讲中是这样表述的。

这位教授应该了解在日本发生的情况。她是庆应（Keio）大学的社会学教授，此前曾在哈佛大学任教。她用了一组令人印象深刻的数据来描述女性角色的快速变化。一个女人无须再按照社会既有的方式，在24岁结婚，然后成为孩子与"打工仔"丈夫（演讲者的描述）的保姆。如今日本女性的平均结婚年龄为26岁，在东京地区为31岁。平均每个女性生育1.6个孩子，日本也是世界上生育率最低的国家之一。处于21至39岁年龄段的男性比女性人口多250万人，女性的择偶空间很大。

然而日本男性每天16个小时的工作不是女性想要的。更确切地说，她补充道，很多时间都被花在了社交活动中，而不是真正意义上的工作。对男性而言，40年的全职工作后紧接着就是几十年无聊的退休生活，没有兴趣爱好来安度晚年也不是女性向往的生活。"我们给这些已经退休的丈夫起了个名字。"她说，"大家叫他们'湿树叶'，你知道湿了的树叶是什么样的。他们黏糊糊的，在你周围让你甩也甩不掉。"

如今日本女性想要工作与生活保持更好的平衡。她们认为工作可以安排得更加灵活与有效率，她们不认为为之工作的企业是传统的部落社会，也不把职场排在自己生活中的第一位。女性有更多的数据支撑自己的观点——最近的一项调查表明，如果英国工人平均每小时的生产效率是100，那么日本工人平均每小时的生产效率只有60。日本人只是工作时间更长而已，或者正如岩尾教授所说，他们的工作时间更长，假期更少，回家更晚。

这位日本教授认为，日本的职场需要女性，即使人们并不总是希望女性进入职场。同所有的工业化社会一样，日本缺乏青年劳动力，特别缺乏才华横溢的年轻人。如今日本女性的受教育程度与男性旗鼓相当，实际情况是大学里女性的受教育程度更高。把受过良好教育的女性当作秘书或端茶送水的接待人员，在24岁时又让她们回家相夫教子，这种做法是极其荒谬的。

从传统意义上讲，企业都是为男性的便利而安排管理制度。许多流行的管理理论都曾经对是否在企业内建立封闭的公司文化有过争论。我们也被力劝要学习日本公司，当然是以一种比较柔和的英国方式——不像日本公司要唱司歌与做工间操。为了使管理更加精益，我们对企业进行了"瘦身"，但这个过程也让企业变得贪得无厌——垂涎员工的时间，如饥似渴地追求工作热情，沉溺于取得高成就的工作而远离家庭。只要认同这些价值观，女性在这里就会受到欢迎，换句话说，女性需要表现得像个男人。

如果岩尾教授是对的，这些做法在日本存在不足之处，我猜测在英国也会有同样的问题。现在我们需要一些颠覆性的思考，在传统意义上是让员工适应工作，现在要做的可能是不得不让工作来迎合员工，因为员工已经成为企业的关键资产。

这样做的一个途径是将企业的工作划分为独立任务、项目或工作模块。例如，在一些保险公司中，工作程序不是从一个职能部门到另一个职能部门，而是类似个案管理的工作方式——员工独立工作，在必要时请专业部门共同参与，这样做可以顺其自然地将保险案件处理时间从20天缩短到2小时。个案管理人员可以是一个团队，按目前流行的术语来说，也可以是一个工作群。这样做不仅让参与个案管理的员工对自己的工作有了决策权，而且还能允许他们自己决定在何时何地开展工作。

如果找不到工作的灵活性，企业就有可能变得贪得无厌，迫使女性在事业与家庭间做出选择，其中很多人会选择类似男性钟爱的工作与生活方式。从人口统计学上分析，这样做会对社会产生很大的危害。最优秀的女性将不再生育，如果她们选择生育也将只生一胎。每位女性平均1.6个孩子的生育率，将使日本在一代人的时间内进入人口萎缩的老龄社会。那时由父亲造成的过错将真正落在孩子身上，下一代人将背负起这个沉重的包袱。

BEYOND CERTAINTY

第 20 章

让办公室成为共享空间

第20章 让办公室成为共享空间

如今美国城市边缘的形状显得很不自然。高耸入云的写字楼到处都是，矗立在楼下大片的停车场中间。从下向上仰望，城市的天际线会呈现出奇怪的锯齿状，使得写字楼与停车场显得更加空空荡荡。有人说这就是经济萧条，但是许多人认为即使经济萧条过去很长一段时间，这些建筑物仍将空置。无论在哪里，我们都不再需要如此大的办公空间了。

"你必须在这种条件下工作吗？"我问那位由于要写一篇文章而采访我的《亚特兰大日报》（*Atlanta Journal*）的女记者。当时我们坐在一个庞大的新闻中心里，里面有大约100人在工作，大家挤在电脑屏幕和键盘前面，用下巴极不舒服地夹着手机打电话，房间里充斥着香烟的烟雾、键盘的咔嗒声与嘈杂的说话声。"不，当然不，我本可以在家里更有效率、更健康地完成大部分工作，但他们要我们在这里干活，不信任我在他们看不到的地方工作！"她指了指房间尽头玻璃窗后的两位新闻编辑说道。

也许人们应该打破常规，不应把所有人都集中在同一栋写字楼里，让他们同时完成工作。总有一天，这么做将付出高昂的代价。写字楼是许多公司最昂贵的资产，每周可以使用168小时，但是通常只有60小时的使用时间。即使在上班时间，许多房间也是空着的。房间的使用者并非已经被企业裁员，而是外出去工作——会见客户或供应商，参加会议或培训，巡视企业的其他场所。如今对于许多企业的高管来说，办公室只不过是一个豪华的文件柜而已。

当然办公室也必须得有一些人气，以便证明企业的存在。但对于许多人来说，办公室最好被当作一个商业会所，在这里可以举行正式或非正式的会议，为了工作暂时使用专业的办公设备或者与客户见面洽谈。人们可以设想一下会所的定位——只对会员开放，限制他人进入，内部没有私人空间，只有用于用餐、会议、阅读等的公共活动空间。如果我们把对企业办公的大部分需求用会所来替代，在降低租金的同时，办公室甚至可以成为一个相当豪华的会所，也可以压缩企业的成本。

有人告诉我说，玛氏公司（Mars）在美国已经开始这样运作了，本田在日本的42位董事共用一个房间，房间里只有6张办公桌。既然大多数董事会在同一时间外出，不在办公室工作，或者在家里阅读、从事研究，这样做也未尝不可。

可以通过最近的调查数据对这种工作方式进行分析，一项研究表明，在英国大约50%的工作可以全部或部分在家完成。5年前的另一项研究发现，23%的英国员工喜欢不定时工作制，每周只有一两天需要到办公室参加常规会议或研讨。正如另一项调查显示的结果，欧洲的上班族平均有54%的时间在独立工作，这一数字在美国和日本几乎完全相同。既然有一半的时间都是一个人在工作，为什么人们还要每天通勤上班呢？

然而这种工作方式不会很快被推广。《亚特兰大日报》的记者是对的——人们喜欢看着员工工作。不过如果她在第二天上午 11 点的截稿时间前把稿子交上来，稿子的质量也达到了所要求的标准，那么即便稿子是她午夜时分在浴缸里完成的又有什么关系呢？

目前在英国 14% 的从业人员属于自由职业者。并非所有人都是受剥削的雇工，许多人是"在家工作"的独立专业人士，但是工作地点并不在家里。如果他们足够聪明或幸运，一些企业会给他们一个角落作为可以随时使用的办公场所。其他的自由职业者也会利用各地如雨后春笋般出现的共享办公空间办公。一些金融集团（FI）甚至有自己的共享办公空间或办公会所，当员工想办公或开会时，随时可以前往。

帕斯卡（Pascal）无疑是正确的，他说所有疾病的根源都是一个人独处产生的孤独感。大家需要在办公室中和同事建立友情与私下交流，如果从未面对面地交流过，电话与视频会议很快会使人厌倦，同事之间共叙友情与交流可以在周二与周四两天进行，其余时间则可以在家工作。

大家不应再用工厂组织生产的方式管理企业的办公室。把办公室的一部分变成会所，把更多的员工变成拥有大家共享活动空间的会所会员，这种方式也许会使企业更有趣，经营成本更低。试想一下如果人们这样做，高楼大厦的开发商就会永远等不来租户，除了周二与周四的会议日，英国铁路公司的通勤列车将变得空空荡荡。

BEYOND CERTAINTY
第 21 章

如何学习才能知行合一

第 21 章　如何学习才能知行合一

如果你有机会到访亚特兰大，位于市中心的可口可乐博物馆也许不是你首先想去的地方。但是对于对这座博物馆感兴趣的人来说，无论是生意人或是女性，这里还是值得专程去参观一趟的。正如你预期的那样，这座博物馆是为歌功颂德这种味道奇妙、渗透到世界每一个角落的棕色液体而建立的。

我认为可口可乐可以一直保持成功的秘诀体现在其早期的老板之一罗伯特·伍德拉夫（Robert Woodruff）说过的话中。无论我走到哪里，这些话都是我的座右铭，"世界属于永不满足的人"。不断地找寻更好的事物，不满足于已经拥有的成就，对事物抱有不同的看法，这些做法都有助于人们避免出现目中无人的情绪。据我所知，一些日本公司每两周生产一种新产品并进行市场测试。即便这些产品大多数没有投入生产，但这种做法会让探索精神长存。世界不可能总是循规蹈矩地发展，过去的做法永远不会成为未来发展的唯一模式，这是一种积极的进取精神。不断进取的做法也许还需要外人的推动。在可口可乐亚特兰大总部工作的 5000 名员工，有超过三分之一来自美国以外的其他国家。群体思维会造成一种自负的氛围，没有人会质疑群体的智慧，当有外人从团队进进出出而且提出质疑与建议时，群体思维产生的概率就会降低。

也许我们不应对可口可乐的成功方式感到惊讶，只有通过持续的学习与反思，企业才能生存，这两个因素是任何一种学习方式的关键所在。然而持续学习并不是非常英国式的理念。

从本质上讲，现在的社会应该是学习型社会，也就是 L（learner，学员）型社会。用开车作为比喻，L 型社会的含义是"我们需要在前进中不断学习，请大家保持清醒的状态，方向盘后面是一个不称职的司机"。在一个学习者承认自己能力不足的情况下，这种警醒往往会伴随我们一生。最好是潜移默化地学习，在条件允许的情况下，在一生中要趁早开始。

我已记不清在学校学到的大多数知识，但是无意中记住的一个核心理念仍然历历在目：我们遇到的每一个问题都已经在某个地方被某些人解决了，答案就在老师的讲义里，我们的工作就是找出它是什么，然后记住它。然而在我意识到我们生活中遇到的大多数问题都会以不同的全新方式出现的时候，已经过去了整整 10 年时间。

我发现收敛性问题与发散性问题存在差异。一个收敛性问题，如"去洗澡间的最短路线是什么"，只能有一个正确的答案。而发散性的问题可以是"你为什么要去洗澡"，甚至是"你想去哪里"。回答者会根据特定的情况给出答案，在某种程度上讲，这些答案不存在对错之分。大多数生意场上的业务问题都是发散性问题，这就是做生意趣味无穷的原因，也是我们很少能够提前学会所寻求的解决问题的答案，无法从书本中照搬或在学校中学习的原因。我们在学校学到的是学习的能力，回到工作岗位后再日复一日地运用这种学习能力解决问题。

然而积极的进取精神与善意的外部人员参与只是学习的开

始。企业应给予员工尝试与失败的机会，因为学习的前提是并非所有的尝试都会成功。企业也要赋予员工不断创新所需要的空间与权力，但是只有员工从错误中记住教训并避免再次犯错，错误才可以被宽恕。"我们没有宽恕那个两次把我们身家的四分之一借给巴西人的家伙！"一位企业的高管说。正如纺织品制造商戈尔（W L Gore）所说，现实中存在高级错误与低级错误，最好和最安全的方式是从所犯的高级错误中汲取经验。

学习最重要的是反思，对学习的重新定义是"在宁静中体察的经验"。

如今的企业界很少有静下心来反思的机会，所以人们对于过去的做法是否有效，以及未来可能产生效果的做法知之甚少。对于人们从生活和工作中偶然发生的事件中习得的经验，艾伦·芒福德（Alan Mumford）教授称其为"偶然学习"。这种偶然学习的机会不是自然而然发生的，而是通过个人与团队进行反思并对偶然学习经验进行复盘发生的，这可能比其他多次与员工的评估面谈更有助于企业绩效的提升。

对产品、目标和方法不断创新似乎是应对变革威胁的最佳答案，是在世界跳跃式发展的时期保持持续与永续经营的最佳方式。没人知道会不会有一天，像亚特兰大邀请可口可乐一样，你也可能被邀请去为你的产品创建一个博物馆！

BEYOND CERTAINTY
第 22 章

做古代希腊人还是当代英国人

第22章　做古代希腊人还是当代英国人

1993年后，我的西班牙朋友为新的欧共体㊀感到忧心忡忡。从表面上看，他们的担忧是空穴来风。自从6年前加入欧共体以来，西班牙的经济以年均增长率5%的水平蓬勃发展。1992年无疑是值得西班牙庆祝的一年，那么这些担忧又从何而来呢？

我的朋友说，西班牙过去曾经是大型跨国公司设立制造工厂颇具吸引力的地方。这里的劳动力廉价且受过教育。如今西班牙的劳动力不再廉价，价格开始与欧洲的一般标准持平，而且比塞塔㊁被锁定在欧洲汇率机制内不会轻易贬值。1993年以后，各家跨国公司将劳动力与运输成本运用电脑数据进行比较分析，结果显示工厂的最佳选址是一条沿着阿姆斯特丹到米兰的宽阔带状区域。它们要做的是逐步关闭在西班牙的工厂并搬迁到这条中欧走廊。

我的朋友认为，西班牙注定要成为欧洲的佛罗里达，变成为度假者和老年人准备的阳光明媚的所在，发展服务型企业与总装工厂的地方。就像现在的西班牙南部一样，他们说，我们不希望西班牙成为这种类型的国家。

沐浴在马德里的阳光下，参观一趟普拉多（Prado）博物馆后坐下来，身后是一瓶上好的里奥哈（Rioja）葡萄酒，我不认为西班牙按着类似佛罗里达的模式发展有什么问题。但我也理解朋友的担忧，因为这样的担忧不仅针对西班牙，也同样适用于

㊀ 1991年12月，欧洲共同体马斯特里赫特首脑会议通过《欧洲联盟条约》，1993年11月1日，该条约正式生效，欧盟诞生。

㊁ 西班牙以前的货币单位，于2002年被欧元取代。——译者注

地处欧洲地理位置边缘的英国。随着整个欧洲的劳动力成本趋于平稳，运输成本就变得至关重要。企业的产品必须非常出色，生产效率也必须非常高，才能冲减运输成本。仅仅和德国人一样优秀是远远不够的，我们的企业必须做得更好、更可靠，更能接近客户的真正需求。一些企业将对此进行管理的改进，但是也有许多企业无动于衷。届时欧洲将面临不可避免的挑战，而不是我们常常谈到的机遇。

然而英国没有西班牙的阳光，成为欧洲的佛罗里达不会是英国的选择。英国的真正优势是作为母语的英语，因此英国将成为许多日本和美国制造企业所青睐的欧洲市场国，其中最优秀的企业可能会帮助我们超越德国的标准。如果可能，仅仅让英国的交通系统变得快捷、廉价、可靠，就可以把这些制造企业留在英国。

语言的优势也将吸引世界各地的年轻人，让他们更好地学习会话与写作。英国不管是否愿意，都注定要成为世界的语言学校。教英语已经成为高中毕业生后备的就业选择。我们应该改变英语教育市场低端化、不受监管、没有考核以及没有标准的状况。或许可以把英语教育转变成我们的优势，既可以通过英语教育与外界联结英国的历史文化，又可以把英国变成古代的雅典，成为学习现代欧洲文明的所在、思想与探索的中心，每个有抱负的欧洲人都渴望并愿意来此学习一段时间的地方。

或许将英国作为欧洲的"教室"并不如所有人所愿，但这么做产生的衍生效益可能是巨大的。如果我们做得足够好，将在整个欧洲创造一种对英国及一切与英国有关事物的向往，这将吸引整个欧共体的客户、合作伙伴以及朋友。这是其他国家不会反感的角色，因为它建立在影响力而非权势的基础上，这不是英国自己要求的，而是其他国家给予的位置。

英国也需要一种文化变革，教书要成为一种有声望的职业。然而如果把教育当作商机而非政府部门的义务，我们可能会有一些不同的想法，如提升老师的地位，进入学习场所应如走进了学术的丛林而不是公共的卫生间。可以对学习场所进行更高效的利用，而不是让其在一年中空置长达四分之一的时间。

随着作为金融中心的地位的衰落，英国要么吸引企业建立离岸制造业的子公司，要么变成一个游客云集的大型主题公园。这些备选方案的前途都是黯淡的。

英国采取类似古雅典的模式定位，不仅有利于外国人，英国自己的老百姓也将从教育产业的振兴与扩张中获益。这也许正是弥补英国所处地理位置的劣势所需的要素，还可以利用信息时代的商机，通过学习知识与思想产生增值的机会。

最终决定英国在欧洲未来命运的是交通的改善与建立类似古雅典模式的选择，而不是任何公约或章程印成的小册子。我们现在就应该开始着手考虑这些问题。

BEYOND CERTAINTY
第 23 章

研习概念化技能

第23章 研习概念化技能

学习忽然开始风靡一时。人们不断地被引导，如果要在日新月异的世界中与时俱进，生活就是一个不断学习的过程。企业要想保持竞争力就必须成为学习型的组织。学校首先应该帮助我们学会把学习作为生活的基石。还有一种说法是我们应该创建一个学习型社会。

这些道理毋庸置疑，如果你听了这些道理有些迷惑不解，也不觉得自己更加睿智，是情有可原的。在英国，学习从来都不是一件值得自豪的事，被贴上"学究"的标签是无能的表现，而"学术"一词也经常被滥用。那么有人可能会问，为什么学习突然开始火起来，学习究竟意味着什么——更多的书籍、更多的学校、更多的考试，还是具有某种更深层次的意义？

如果这些学习行为仅仅意味着考试与证书，那将是一种遗憾与灾难。工作技巧与能力可以用来完成工作，但不能描述与定义工作的内涵。为了昨日已经完成的，而不是未来有创造性的工作而精心培训员工是很容易的，但也很让人迷失自我。

许多年以前，罗伯特·卡茨（Robert Katz）教授曾在《哈佛商业评论》中阐述了管理者所需要的技能。这些技能包括技术技能、人际技能和概念化技能。技术技能可以很容易地由已熟练掌握的人传授给生手，也可以通过课程、书籍、考试和学徒制的方式来传授。人际技能的学习更加困难，这种技能可以学习但不能传授，可以通过经验学习，也可以通过建议和反思或指导、辅导的方式得到提升。

卡茨教授认为概念化技能是所有技能中最难掌握的，也是最需要的技能。人们利用概念化技能可以识别企业的发展方向，定义技术技能所能解决的问题的内涵，可以预见机会与未知的市场。如果一开始做事的方向不正确，即使能运用技术技能及人际技能正确地做事，最终的结果也不会令人满意。概念化技能是领导者所必需的洞察需要如何做事的智慧，也是一种可以清晰地表达出来并让他人感到兴奋，并一起为之努力的能力。

令人遗憾的是卡茨教授并没有提供关于如何提升这类关键的概念化技能的线索。他遗憾地总结说，是否有这种技能是由天赋决定的。然而我们也不用如此悲观，通过比照与对比来学习是一种学习概念化技能的方法，在当今精益求精的时代，这种方法几乎被忽视了。当我们看到别人怎么做时才会睁大双眼，把他人做事的方式与自身的进行比较，然后逼着自己解释其中的区别。约翰逊（Johnson）博士说："当站在他国的立场上看问题时，我们会对自己的国家有更深刻的了解。"一个企业极容易被自身的思维定式所束缚，以至于不能再像其他人那样审视自己。企业强大的文化造成的影响可能让人眼花缭乱。

夏天召开的第七届爱丁堡公爵英联邦研究论坛（Duke of Edinburgh's Commonwealth Study Conference）给我留下了深刻的印象。这次会议在英国召开，每隔6年来自32个国家的250名年轻人聚在一起，以15人为一组，用两周的时间对企业和其他组织进行一系列的研究访问活动。这是一种采用深度比照与对比的方法进行学习的方式。通过比较与英国企业类似的大约20个企业，从其他国家与人格的视角来比较本国对这些企业的观点与看法，促使他们分组诠释与评论其中的差异，并尽量将他们的经验概念化。

这些年轻人回到家乡后会用全新的视角看待自己的世界，简而言之，他们将会有一段不同寻常的学习经历，这段经历可能会改变他们的人生。

比照和与对比的学习方式也可不必精心设计或具有如此的吸引力。我们可以创建自己的小型学习会议。日本管理协会每年都会为企业的高级管理人员安排大约400次海外学习访问机会。伦敦商学院开设了一门比较成功的课程，要求每个学习小组成员在彼此的企业中度过一天的时光，然后说明各自能从对方的企业中学到什么。其中蕴含的道理很简单，即让你阐述一下做事的思路，这似乎能让人很好地集中精神，让概念化思想的源泉流动起来。

这样的方法有助于我们挑战思维定式，鼓励我们无论过去多么辉煌，都要勇于超越，为自己创造新的未来。过去从来都不会对未来做出好的指引，如果没有概念化的技能，我们几乎没有任何选择，只能继续循规蹈矩地做事。现在，我们能够而且必须更好地掌握自己的命运，并学会能让自己这样做的技能。

BEYOND CERTAINTY
第 24 章
职业生涯发展双通道的挑战

对于企业与国家来说，实现扁平化的组织结构与零通胀率似乎是当前的目标。

这两种做法有许多可圈可点之处。实施科层制的企业中，十个或更多的层级似乎总是与论资排辈而不是运营效率有关。就像从前一样，如果回到货币可以保值一个世纪或更长时间的年代，科层制也许是很不错的制度。但是事情总是喜忧参半。

如果这两个目标都实现了，我们就要重新反思企业中所有的激励及薪酬制度。现在企业已经开始反思。当职级晋升的通道只有四级时，每隔两三年作为对员工工作业绩的认可，让员工实现晋升的方式是不可能实现的。当通胀率为零时，每年一次的例行加薪就不再必要。当人们不再购买房产以对冲通胀造成的影响，而是像过去一样重新开始租房时，诸如低息住房贷款之类的福利待遇就不再有价值。如果所得税继续下降，各种各样的支出税将毫无悬念地取代所得税，那么其他的减税优惠政策也将失去作用。

大家在同一赛道公平竞争，理论上似乎没问题，但是如果你已经适应了原来崎岖的赛道，新的赛道可能会让你暂时感到不适应，需要运用新的策略与不同的方法来解决问题。如果升职、奖金和例行加薪不再有效，企业如何才能以最佳的方式奖励员工工作的进步和取得的业绩，并提供与之相符的激励措施？

这种挑战对企业发展而言是有利的。我们需要鼓励员工把同样的事情做得更好，而不是祝福他们通过找到新的工作而获得成功。

由于企业向更加扁平化的科层制组织结构靠拢，效益分享及与绩效相关的薪酬体系在企业中变得越来越普及。一般来说，员工的年度薪酬收入将很快转变为由四部分组成——基本岗位工资、公司效益分成、集团奖金分成和个人绩效奖金。当然，后三种类型的薪酬每年会有所不同，也不会作为下一年此类薪酬的基准值。因此员工的高工资来自于对企业更大的贡献，而劳资双方进行的谈判将仅限于不同工作技能的岗位工资水平的谈判。为了降低薪酬发放的随意性，一些企业会确保从每年的薪酬增加额度中拿出一定的比例作为绩效奖金发放。

对员工的激励方式可能会变得更加"生动"，奖金可以是额外的假期、教育机会或是旅游。员工可以选择何种激励方式，这本身就是一种奖励措施。

然而要求员工把同样的事情做得更好可能会使工作变得很无聊。我的一位牙医朋友说："在过去的40年里，我一直在观察人们的口腔。哪怕只是多一天，我也不想做了。"我们可以向日本人学习他们已经在实施的员工水平式快速晋升方式。他们确保最优秀的人才在年轻时可以从一个项目转到另一个项目，从一个专业领域转到另一个专业领域。新的团队与项目向这些出众的人才提出了新的挑战。项目也可以越做越大——这是一种通过项目工作而不是层级实现员工晋升的方式。

第24章 职业生涯发展双通道的挑战

把与绩效相关的工资和通过项目工作获得的晋升放在一起，其结果可能会演变成对员工重大杰出贡献的奖励。但是一个人的表现并不一定会持续不断地提升。企业必须要考虑这样的现实，员工如果被分配到不太重要的项目中，工资总额可能会减少也可能会增加，其表现可能仅与最近参与的两三个项目相似。

事实上，我们可能会看到终身雇用制的终结。也许还有人会幻想企业至少在他退休前还会给他留个位置，但现实情况是当今几乎没有人会在达到法定年龄时才退休。企业可以像英国军队一样，引入一系列固定期限、可续签、可重新谈判的劳动合同，这种做法或许能让企业更加诚信，也更有利于企业的发展。我们已经为许多高层管理人员设计了这样的机制，这种做法也许可以延伸到企业中层管理人员的群体中。

如果可续签的固定期限劳动合同变得越来越普遍，更多的人会考虑并计划"本部门工作之外"的第二次职业生涯规划。员工目前在企业的工作岗位只会成为其职业生涯的一部分，不是全部，也不一定是职业生涯最好的阶段。

如果运气不错，加之企业管理得当，实现了组织扁平化与零通胀率的结合，可能会让我们所有人都可以通过职业生涯规划的双重通道进行第二次职业生涯的选择。企业会成为更开放、更诚信的组织，更多地关注工作任务，而不是论资排辈。我认为这对有能力的员工来说是个好消息，对工作得过且过的员工来说则是个坏消息。

BEYOND CERTAINTY
第 25 章

灵活与碎片化的时间管理

第25章 灵活与碎片化的时间管理

人们应该重新思考如何管理工作时间。

从20世纪以来，几代人的时间都被安排在几乎固定不变的传统模式中，男性的上班时间是早九晚五，从周一到周五，偶尔周六也上班。女性的工作时间更长，但大部分时间是在家里工作。人们有加班也有倒班，但是这些都是特殊或额外的工作，企业要为此支付相应的工资。每年有两周的假期，现在变成了5周，还有8天被神秘地称为"银行假日[⊖]"的法定假日。男性65岁，女性60岁退休，按常理他们在去世前会一直宁静地依靠养老金生活。学校和大学都有很长的暑假让人们进行夏收，同时也让老师休养生息、寻找灵感。令人奇怪的是，除了园艺中心或者卖酒的店铺，其他商店星期天不营业。我们都知道什么时间，人们在哪里活动。

今天的一切都在改变。万兹沃斯（Wandsworth）学校很快将改为5个学期，每学期8周课程。商店会一直营业到晚上9点或10点，星期天也照常营业。金融机构不仅在伦敦时间工作，在东京时间与纽约时间也同样如此。各种各样的工厂像机器一样昼夜不停地工作，与我能想到的医院、监狱以及航空、铁路、邮政服务的某个部门每天连轴转的情形一样。这就好像我们突然意识到一周有168个小时，而不是40个小时。机器无须因为人类需要睡眠就必须休息，然而这对每天不得不睡觉的人类来

[⊖] 银行假日用来说明和欧洲其他国家相比，英国的假日相对较少。通常，这些公众假日被称为银行假日，因为银行会在假日关闭，暂停所有交易，导致其他部分行业也无法营业。——译者注

说影响是巨大的。

无论身处何地，每个人都会从自身的选择或需要出发，开始重新分配自己的时间。有些人把一辈子的工作都挤进30年中，每周工作65小时，把大部分休闲时间推迟到退休后的第三龄阶段。另一些人则希望有不同的选择，他们发现自己希望利用好当下所有的休闲时间，并称自己正处在失业状态。越来越多的人以兼职或独立的专业人士身份向企业或客户出售他们的碎片化时间，显然大多数人都喜欢这种工作方式。在当今占工作人口四分之一的600万兼职人员中，有九成的人表示他们不想做全职工作，现实情况是这些人通常是家庭的次要工资收入者。还有另外一种说法，他们中的大多数人是女性，但显然有三分之一的全职工作者想在职业生涯的某个阶段成为兼职工作者。有时时间比金钱更有价值。换句话说，我们中大多数人都想对自己的时间享有更多的控制权。随着对劳动力需求的不确定性日益增加，企业也会认可这种工作方式。这种改变似乎已经不可避免，但如果我们认真思考并谨慎对待，新的灵活的工作机制可能会对所有人都有利。

在一本重要的书《关于时间》(*About Time*)中，帕特里西娅·休伊特（Patricia Hewitt）列出了所有的数据，还提出了一系列企业整合工作时间或安排工作计划的新方法。这其中当然有弹性工作时间，将每周工作时间压缩为35小时可能意味着每个工作日多休息1小时或者在周五下午休息，也可以是两周只工作9天，还有为新生儿父母以及退休前员工设计的兼职工作、分享工作制、分时工作制、周末工作制、每周工作4天每天10小时或每两周工作8天、年度工时合同、零工时合同（当企业需要时才安排工作的劳动合同）、丧假、停薪留职、休假、时间银行（可用来积累数年来的假期）、个人工时合同（员工与老板就每月或每周的工作时间达成一致的合同）。

有更多不同种类的工作时间组合可供选择，尊重更多的个人选择，更多的企业采用灵活的工作方式——表面上对每个人来说都是好消息，但事情势必没那么简单。重要的是男性和女性有着不同的生活与工作周期。女性不可能轻易地在每周65小时的全身心投入的工作与家庭责任之间做好平衡。当她们能够再次管理好这些时间时，经常被企业告知岁数已经太大了（也许才只有40岁）或者此时自身已经脱离了工作岗位。男人通常喜欢这种同时负有家庭责任的工作方式，因为此时他们的收入增加了，以后的工作也会逐渐变得轻松。具有讽刺意味的是，如果把全身心地投入工作看得如此之重，我们可能会不分青红皂白地把许多最优秀、最有才华的人拒之门外，因为现在一半的毕业生都是女性。我们需要让这些重要的工作具有更多时间上的灵活性。例如，允许员工每天或每周在家工作一段时间。企业应该关注结果，只要保证按时与符合标准完成工作就可以了，而不是过多地关注工作在哪里，用多长时间完成的。另一个方法更容易实施：让员工从重点工作转移到组合工作，并在下次工作中往复进行。

组合工作就是将一个人的工作作为项目、客户或产品的工作组合或集合的组成部分，组合随着时间的推移而变化，随着越来越多的人因选择或环境的力量在企业的外部工作，组合工作的方式正成为越来越多人的职业选择。目前，只有55%的潜在劳动力人群（包括那些想要工作但没有工作的人）在企业内部拥有全职工作。因为各个企业无论基本业务是否减少都在缩减规模，这一比例很可能会继续下降。事实上，如果你把所有处于工作年龄的成年人都计算在内，会发现他们都在工作，但因为他们忙于照顾自己的家庭或亲属，所以没有得到报酬。我们中的大多数人现在都过着组合工作的生活，全职员工目前只占少数。事实上，正如休伊特所指出的，每周少工作一两个小时的朝九晚五工作模式，现在只适用于三分之一的英国员工。安排工作时间的方式已今非昔比，我想将来人们也不会再采用这类方式。

无论个人还是企业，都需要更具想象力、更积极地思考如何分配好时间。答案正在浮出水面。作为一名组合工作者，几年前我重新安排了自己的时间。我把125天用于行政管理和教学，100天用于研究和写作，这些都是我养家糊口的手段。我为自己所谓的"创造性工作"时间留了25天，我把这些时间用于个人兴趣、自己喜爱的事物和偶尔能写出的好作品，剩下的115天用于休闲、度假和家庭生活。"你过着多么悠闲的生活啊！"

一个朋友说,"我想这就是当作家的好处吧!"我看着他的表情,让他把自己一年 52 周的周末、8 个法定假日和 25 天工作日年假加起来算算看,他这才意识到,大多数像他这样所谓的全职员工,一年有 137 个假日可支配。

然而我们需要认识到新的就业现实,不是每个人都能在 225 天内完成有价值的工作。如果我们大多数人都游离在企业之外,那么我们将在哪里接受培训?我们将如何支付养老金?如果我们生病了怎么办?我们能放假吗?谁来帮我们对工作报酬和时间进行谈判?如果政府认为一旦经济衰退结束,这些问题就会消失,那他们就错了。新的极其精简的组织将会存在。如果企业认为这无关紧要,认为来自于企业外部的劳动力意味着劳动成本更加廉价并会使英国更有竞争力,那么他们就有可能拿我们下一代的未来作为赌注。如果政府认为人们都具有足够的责任感和远见来提升自我,为未来未雨绸缪和调整自我,那么他们就高估了我们中的大多数人。

现在还有机会调整时间的分配以适应我们的需要,同时可以在生活的不同阶段以不同的方式灵活地安排时间。我们的祖父母就从来没有这样的机会。如果没有注意到时间分配的重要性,或者认为问题会水到渠成地自行解决,我们就会错失这一良机。

BEYOND CERTAINTY

第26章

勿以恶小而为之

第 26 章 勿以恶小而为之

刚刚在 1 月份宣誓就职的比尔·克林顿（Bill Clinton）在出任总统后没几天就失去了他未来的司法部长。佐伊·贝尔德（Zoe Baird）引咎辞职，此人因才华横溢而广受赞誉，是克林顿承诺践行机会平等理念而受益的典型代表人物之一。

她做了什么而导致身败名裂？她明知这是违法的却雇用了两名非法移民来帮忙打理家务。这种不端行为本身并不是问题的关键，问题的核心是她对待这种行为的态度。她承认在法律层面上这么做是错误的，但这不应该成为下台的理由。她似乎认为每个人都在这么做，其他人都知道别人也在采取同样的做法，所以这种做法不可能真的有问题。她没有做出正确的判断，不仅模糊了是与非的边界，而且武断地认为那些被国家召唤去做大事的人有更多的东西可以奉献给大家，所以理应比普通人更能得到宽恕。这些理由听起来让人觉得她目中无人。

克林顿没有试图为她辩护是正确的做法。民主需要建立在尊重的基础上，同时要尊重法律和法律机构以及法律所管辖的人群。令人遗憾的是即使在高处也没有严丝合缝的密封舱来保护你。一旦生活中的某一行为令你失去了大家的尊重，其影响会迅速蔓延到其他方面。尊重就像一块易碎的玻璃，一旦破裂就不可能照原样修复成功。

北美一家公司的董事长告诉了我其公司与一家日本电话公司合作的事。合作的具体分工是日本公司负责制造手机，美国公司负责制造电池。他们的新产品刚刚推出，就在北美听到一部手机在一位日本男士耳边爆炸的消息。他说："我们与律师进行了紧急磋商，等待法院的传票，但最终什么也没等到。"一周后，我们小心翼翼地给在日本的合作伙伴打电话。"告诉我们最坏的情况。"我们说，"谁在起诉我们，要多少钱？""哦，没问题，没人起诉。"他们回答说，"事发后我们的总裁立即去了医院，向受害者表示了道歉并且已经辞职，目前已经没事了。"这位北美公司的董事长接着说道："如果在我们这里发生这种情况，公司就应该承担该承担的法律责任，而且要支付巨额的赔偿金。"因此个人不需要为错误道歉，也不需要有人辞职。

东西方不同的法律传统会导致不同的结果。我们会说，永远不要辩解，永远不要道歉。最重要的一点是即使全世界都知道发生了什么，也不要辞职。让别人去冷嘲热讽，在背后传闲话，让毫无依据的谣言满天飞，都比承认错误并接受后果要好。此外，我们每一个人都太有价值，不能在小水坑里跌倒。但我想知道这样做的结果是否会更好，因为你无法回避的结果是将失去尊重，失去与你共事和为你工作的人的尊重，失去客户的尊重，失去公众的尊重。

当通用汽车下属的排头兵——土星公司发现新车型的燃料系统存在缺陷时，它并没有召回已经售出的1.2万辆汽车，而是把一辆崭新的汽车送到了惊讶不已的车主手中，以换回有缺陷的汽车。其结果如何呢？土星公司赢得了周围所有人的尊重和1.2万名土星汽车爱好者的心。

第26章 勿以恶小而为之

真诚往往会有回报。如果犯错一定要真诚的道歉，而不是像英国航空公司那样给出附有独立董事免责声明的道歉书。快速而诚挚的道歉连同慷慨的补偿是众所周知的，赢得客户忠诚度的方式。有时候获得忠诚客户的最好方法似乎就是先做错一些事，再采用正确的方式纠正原来的错误！

佐伊·贝尔德综合征正在社会的高层蔓延，患有这种综合征的人认为，对社会有价值的人和重要机构微不足道的轻微犯罪，应该得到原谅。我猜测自己不是唯一一个越来越多地评论高层人士的人，如果他们知道正在发生的欺诈行为就应该前去阻止，如果他们不知道，就应该了解更多的情况。我想并非只有我一个人对荣誉感和责任感的逝去感到惋惜。

这些并不是一个年事已高的局外人的怀旧之情。我知道在紧张忙碌的生活中，不做任何错误或让人丢脸的事有多么困难，人们这么做往往是由于疏忽大意。几乎没有人的行为能经得起类似美国对高级官员采取的审查方式的检验，然而不受人尊重的领导者将会使整个社会土崩瓦解。当今许多机构、法律、城市、皇室、政府和企业本身受到的尊重逐渐式微，部分原因是这些组织的领导者自己的所作所为并不值得人们尊重。佐伊·贝尔德综合征的患者将自食其果。如果他们可以作恶，上行下效，我们也可以这样做。如果真的如此，距离整个社会的道德沦丧已为时不远。

BEYOND CERTAINTY
第 27 章

梦想会变成梦魇吗

第27章 梦想会变成梦魇吗

深圳是中国经济特区的中心城市之一。15年前它还只是稻田中的一个村庄，如今已是一座与布里斯托尔（Bristol）规模相当的城市，公寓楼高耸入云，到处都是你能想象到的装饰着玻璃幕墙的摩天大楼、绿树成荫的林荫大道和堵塞的交通。

广东省的人口规模相当于英国，在过去10年里，该省的经济增长率一直保持在14%。从省会广州到深圳80英里[1]的公路沿线就是一个长长的建筑工地。到处都充斥着繁忙的景象，成百上千的人忙着创造各种形式的财富。如果广东的经验可以在全国范围内推广，只须将所有的统计数字乘以20，你就会对中国的潜力有所了解。

吉隆坡会稍微安静一些，但也不是特别安静，这个城市更干净。30年前我曾住在那里，回到这里算是一次怀旧之旅。记忆中的道路变成了一条八车道的高速公路，伴随着奔驰汽车行驶的声音，道路两旁鲜花盛开。马来西亚人正计划在未来的30年里经济以每年7.2%的速度小幅增长，到2020年将达到目前美国的生活水准。我们似乎没理由相信他们不能完成这个计划。

新加坡正如它给自我的定义一样，是一个高度信息化的智慧国家，毫无疑问它会成功。该国的"新起点计划"[2]能解释其中的原因。与之相比，印度尼西亚则起点很低，60%的人口仍然在依靠种地生活，但它是世界上人口数量第四大的国家，而

---

[1] 1英里=1609.344米。——译者注
[2] 大力发展高新技术产业的计划。——译者注

且这个国家想成为世界上人口数量最多的国家之一。新加坡与中国台湾、韩国，当然还包括中国香港，这一地区的"四小龙"正在真正展示着实力。

站在这些城市的街道上是令人振奋的。如果认为8%的经济增长水平是正常的，人们就会采取冒险或者冒进的行动。这在我们这样的国家是不可思议的事，我们能报以希望的经济增长率仅为3%。在经济增长率为8%更不用说经济增长率达到14%的地方，如果一座建筑不太好用，就可以把它拆掉再建一座，在这里没有什么是不可能的或大不了的事。

所有这些国家和地区都意识到，真正有竞争力的武器是人民的思想和心智。原有的财富来源——自然资源、技术和资本，当今任何人都可以用钱买得到。现在唯一重要的是培养人们的过程技能，就是驾驭所购买资源的能力。要使人们的心智达到正常水平，需要在教育和培训方面投入相当于国内生产总值20%的资金。如果像英国一样随波逐流，也许只占国内生产总值12%的教育培训投入还是远远不够。

此外，这些国家和地区的雄心壮志也十分重要。马来西亚构建了2020年要实现的愿景，这也是一个人们决心将其变为现实的国家梦想，7.2%的经济增长率只是它的助推剂。他们想要建立一个更平等的国度、享受更舒适的生活，为残疾人提供更好的福利待遇，拥有免费的医疗和更惬意的晚年生活——为了实现这个梦想人们已经制订了明确的目标。我以为工商界会对这份全国性的"使命宣言"嗤之以鼻，甚至是挖苦讽刺。与之相反，我发现了赞美和承诺，即使实现梦想需要做出很多牺牲，人们也在所不惜。在其他国家和地区也是同样的情况。这些国家和地区的每个人都有一个梦想，因此每个都与众不同。当被问及我们是否有梦想时，我只能说我们有马斯特里赫特条约㊀。

然而，马来西亚的梦想是多样化的。其他国家的梦想并没有超出经济发展的范畴，这让我很担心。发展经济有什么作用？许多人真正的梦想似乎可以被中国香港地区的太古广场所代表，这是一座闪闪发光的大理石装饰的购物广场，里边满是古驰和菲拉格慕等品牌的奢侈品。消费和炫耀性支出似乎是所有人狂热工作所追求的目标。但我们可以告诉他们，消费行为本身并不能带来幸福感。

一个时代之所以能被历史所牢记，一定是人们消费而不是挣钱的行为。英国已经出现了不会留下任何历史记忆的风险，因为如果我们选择不对人们的心智成长进行投资，从时代的开端就赚不到足够的钱。东南亚"四小龙"可能只会因为玲珑的玻璃塔、购物中心和堵塞的交通而被人们记住。大家都需要为即将到来的千禧年建立自己的愿景。

缺乏统一的愿景，就会放任自流自私自利的做法，腐败行为也会泛滥成灾。对美好事物的自然渴望很容易以痛苦的结果终结。在以前欧洲曾经看到过的现象，现在又会情景重现。我们跟东南亚国家要互相学习的东西其实一样多。

㊀ 欧共体成员国（现欧盟）为建立政治联盟和经济与货币联盟签订的条约。——译者注

BEYOND CERTAINTY
第 28 章

当企业成为虚拟组织

第28章 当企业成为虚拟组织

"员工是企业最宝贵的资产"这种说法可能刚刚开始变成现实,但其结果仍不可预知。

在去年只是经过很短的一段时间,微软公司的市值就超过了通用汽车。《纽约时报》评论说,微软公司唯一拥有的真正资产是其员工的想象力。汤姆·彼得斯(Tom Peters)激动地宣布这件事象征着典型工业时代的终结。彼得·德鲁克在他的最新著作《后资本主义社会》(*Post-capitalism Society*)中指出,作为资本主义传统的基本元素——"生产资料",的确现在已经掌握在企业员工的头脑和手中。尽管是以马克思意想不到的方式出现,但是他曾经梦想过的事情已经发生了。

这种做法与资本主义反其道而行之。从传统意义上分析,有钱人拥有生产资料,雇人把这些生产资料投入到生产中去。我们的财务报表以及股票市场,最重要的是企业结构反映了这一传统思维。金融家拥有并有权处置自己的财产和资产。他们创造出相应的制度,使人们的生活和生计依赖于开发和利用他们所拥有的财产和资产。但你不能拥有人们的智慧。在一个民主社会,你无法阻止人们把智慧转移到其他地方去。资本家不再像以前那样能控制自己的资产,这些资产已经拥有了自主权。

人类的资产由此引发了一个悖论。如果只有员工才能使企业保持最终的竞争优势,企业就必须对员工进行投资,让其有所发展,并给予员工空间以发挥他们的才华。然而企业做得越多,就越能给员工提供跳槽的资本,增加潜在的跳槽风险。然而企业无法摆脱这一悖论，为了发展企业必须对作为人力资产的新员工进行投资。人们已经能感受到企业文化的变化。几十年前，我在一家国际知名的石油公司开始了我的职业生涯。公司负责我的生老病死，甚至在退休之后也将负责到底。我记得作为回报，唯一合理的就是本人对企业的"忠诚度"得分。"忠诚"两个字不应再出现在公司的评估表上。现在所谓的忠诚，首先是致力于自身专业的提升，对事业保持执着；其次是自己对当前参与的项目、加入的团队或任务专心致志；排在第三位的才是对目前职位或任职机构的忠心耿耿。如此分析，正确的排序应该是先爱你自己，其次爱邻居，最后爱企业。

在当今社会，企业不能要求员工对其保持忠诚，与之相反，企业必须赢得员工的忠诚。如果企业能够雇用作为人力资产的员工，没有理由或出于经济上的考虑阻止这些员工找到一个更好的归宿。人们也许应该提防那些发誓永远效忠企业的员工，原因也许是他们并没有其他更好的选择。当我告诉我的老板企业的一个竞争对手愿意给我诱人的条件挖我走的时候，他说："我们希望企业最好的员工被其他企业所觊觎，企业只是希望他们不会仅仅被金钱所打动。"这是对企业领导者的最新挑战——如何让你的企业成为最优秀人才的首选目标。

我的推断是人力资产的重要性越来越大，将会把越来越多的企业变成项目团队组成的网络化组织，会形成一种虚拟企业的模式，项目成员会临时组合，员工为了互惠互利在一段时间内在一起工作。这种情况对企业来说喜忧参半。优点是企业将保留组织和个人敏锐的触角，创新力和创造力将不断出现，员工将愿意对自己的未来进行投资，而不是把希望寄托在自己的上级手中。

另一方面，企业的帝国将会崩溃，随之而来的将是对职业结构、基本规则和企业传统更多的长久思考。如果我们只是一个令人兴奋的项目的团队成员，而这个团队明年可能就要解散，那么我们真正的归属是什么？当企业的股票价格依赖于由不断变化的项目成员组成的项目团队时，投资者如何才能辨别企业的真正价值？

我希望新的"虚拟企业"远远不只是由企业雇用来的人才组成的临时组合，这类企业将制订相应的标准和职业生涯的发展路径，成为一个员工以企业公民身份为自豪的小型社会，而不是为人才提供的临时落脚之处。但是，如果企业要把员工当作公民而不是雇来的帮工对待，那么就需要给予他们公民的权利，其中可能包括同以往一样与股权有关的一些权利。如果我们开始这样做，就可能会看到资本主义进入新的发展阶段。我担心如果不做任何改变，社会就会充斥短视、自私和机会主义的文化。在一段时间内，这对少数人来说还不错，但对大多数人而言就糟糕透顶。

BEYOND CERTAINTY
第 29 章

企业即道场

第 29 章 企业即道场

我一直不喜欢"志愿者组织"这个词，更不喜欢与之对应的"非营利性组织"说法，因为这两种定义都不够准确。大多数在大型慈善机构工作的人并不比在英国石油公司或英国电信公司工作的人具有更多志愿者的属性。事实上这些人是领取薪水的员工，只是他们想在那里工作。对于英国石油公司和英国电信公司的管理者来说，他们愿意在企业工作，这是同样存在的事实。对于利润方面的考虑，虽然这些组织可能不会分配利润，但它们和其他组织一样也急于实现营业盈余。

在当今社会我愿意把这些组织称为"社会企业"，因为从广义上讲它们都是企业。它们所关心的是为了客户的利益，尽可能高效地将投入转换为产出——这对任何企业来说都是一个不错的定义。当然这些利益都是各类社会福利，没有股东分红的压力，除此之外与商业企业没有什么区别。如果认识到这一点，社会企业就应该越来越多地向商业企业和商业咨询公司寻求帮助和建议。

社会企业还有很多东西要学。它们尤其经常需要更多地了解角色和责任的正确定义以及明智的授权艺术，这样就能跳出"会海"去经营自己的企业，会议大多是这些企业的弊端。然而并不是企业想从我身上获得更多无偿的咨询服务，我从它们身上学到的管理和商业知识往往比它们从我身上学到的还要多。

例如，我了解到，为一项事业而工作可能非常令人兴奋，会比为股东工作兴奋得多。不久前，我参加了由一家国际连锁酒店举办的与众不同的高层管理人员研讨会。不同寻常的是开幕式的演讲者是一位来自普罗旺斯修道院的本笃会⊖修士，他演讲的主题是待客之道。他解释说修道院有点像酒店，各色人等来此停留几日，寻求对生活的反思与心灵的宁静。他和修士以圣本尼迪克特⊖（St Benedict）的圣灵名义欢迎所有来修道院的人。他曾说过，我们必须欢迎所有到来的人，每个人乃至整个人。这位修士仔细地解释"人"这个词的含义，传统意义上指的是男人和女人。圣本尼迪克特所谓的"每个人"，是指不以人的地位差异而区别对待，无论是总统还是乞丐，实际上上个月在普罗旺斯这两种人都被修道院接待过。"每个人"的意思是每个人都被当作个体来对待，而不是被划分为不同的类别。圣本尼迪克特希望通过"完整的人"来确保来此修行的人不被敷衍地对待，而是使他们更深层次的需求得到满足，如果愿意，他们应该尽可能探索自己和周围的环境。他说在看到修行者"焕然一新"离开时的感觉真是无与伦比。

这位修士的演讲受到了与会者的热烈欢迎。你应知道他们在思索自己酒店的经营应该像这位修士的修道院的待客之道一样，把经营酒店作为一项使命或一项社会事业。让人难以接受的是，当那天晚些时候我入住该企业的其中一家酒店时，却发现所有可移动的物品都被固定在了墙上，甚至连卫生纸也被锁

⊖ 天主教隐修院修会之一。——译者注
⊖ 本笃会创始人。——译者注

在了一个金属盒中。"但我们必须这么做。"经理后来对我解释说,"住店的客人中,有些人会把能拿走的东西都偷走,如果放任自流,企业的利润就会被吞噬。"

萧伯纳在《人与超人》(Man and Superman)一书中很好地诠释了社会企业的精神:"人生的真正欢乐是致力于一个自己认为伟大的目标。行事出于本性,而不是源于一时冲动、自私自利、惴惴不安以及委屈的情绪,只知道抱怨世界无法带给你幸福。"社会企业,即使是最混沌的企业也知道这个道理。强大的使命感会弥补企业略低的效率、并不优渥的工资和恶劣的条件所带来的不足。你必须经历过才能知道有无使命感的企业会有多么大的差异。

让股东满意是任何商业活动的首要责任,如果忽视这一点,企业将危机四伏。但是也很难把这种责任变成一项事业,除非你也是股东之一,否则把让股东满意提升为一种使命感,他们的钱赚得也并不体面。这些做法都于事无补,我们得找到其他的途径解决这个问题。我猜想这家连锁酒店的高管现在会试图向员工灌输一些本笃会式的酒店管理理念,通过给予客人应有的尊敬而找到乐趣,花大力气让客人在酒店中感到愉悦。也许下次我去这家酒店的时候,不会被看成是"满腹牢骚的人"和准备在夜里偷东西的贼,我可能会在光临这家酒店时感到一种真正的快乐。

BEYOND CERTAINTY
第 30 章

怎样才能成为管理者

第 30 章　怎样才能成为管理者

今年早些时候,我辞去了已经受聘 25 年的商学院客座教授的职务。当时商学院还是一种新生事物。"为什么人们会对一所教打字的学校趋之若鹜?"一个朋友问我。现在商学院已经遍地开花。那时我认为一旦一门管理科学被人掌握并教授给其他人,就能解决所有的问题。现在我的心智更加成熟。就像我知道即使你通晓所有关于商业的门道,但可能仍然是一个不称职的管理者。

25 年前的商科教育主要由每周两天的课程组成。那时伦敦和曼彻斯特两所新商学院的全日制研究生课程才刚刚开始,如果有人夸耀自己已经拥有了一个听起来怪怪的 MBA 学位,那么这个学位一定是在美国以不菲的代价取得的。

如今英国已经有 100 多门商科和管理学的学位课程,还有不计其数的非学位课程。MBA 学位不再是获得高薪的保证书,而是各行各业越来越多有抱负的高层管理者所需要的职业敲门砖。对 MBA 来说,这种定位才适得其所。

如果采用更现实与更广泛的视角分析这个国家的教育,我们可能根本不需要设立商科学位。并不是因为人们不需要商科教育,而是很难想象没有受过商科教育的人会过得很好。商科课程提供了经济学、统计学和应用心理学的基础教育,这些是任何参加工作的人都需要的课程,此外商科教育还提供了进阶的金融、市场营销和人际交往技巧等职业技能课程。"人们如果不知道全部成本和边际成本之间的差别,该如何在企业里工作?"我十几岁的儿子在第一次接触经济学知识后诧异地问道。"日子不会太好过。"我只能这样回答。

除了讲授实用的知识和对商业的理解,一门好的商科课程还可以教人们如何进行战略思考,也就是说要如何确定想达到的目标,以及为了达到目标需要做些什么。因此,我有充分的理由建议将商科课程定为每个人大学最后一年学习内容的一部分,或者所有大学至少在第一年应该开设商科课程。限量版的实用课程应以高价提供给少数幸运儿,再授予他们体面的研究生学位,让学生认为自己在毕业后已经是专业合格的管理者。事后来看,这件事本身进入了令人遗憾的误区。

举例来说,商科教育意味着人们期望从这些课程中或从上过课的人身上学到一些东西,然而实际上这些东西是任何课程都无法提供的。我曾经提醒过课程申请者的面试官,他们应该把更多的注意力放在从某种意义上来说并不需要来此学习的申请者身上。我的意思是说,我们需要具有课堂上无法教授的管理潜质的学生,比如说敏锐、雄心勃勃和不屈不挠、刚柔并济、善于与人合作、运用权力且兼具责任感,甚至还可以包含一些个人魅力与幽默感。在他们进入学校以后,我们就可以教授这些学生科学的分析思维以及其他的知识与技能。

时至今日依然如此。学校的课程可以帮助人们更清晰地思考,但无法改变他们的行为、性格或绝大部分价值观。

商科学习正在成为许多职业入门的门槛,每个人都应该明智地尽早开始学习。然而，有关管理技能的学习又是另外的领域，是针对不同的情境进行学习，我现在认为这类学习应该因材施教。

回首过去的25年，我很惊讶地发现，自己曾经认为可能存在的普遍管理理论在等待着我们通过努力研究来发现。我们都需要一套入门的知识和技能，但除此之外，还必须为自己所处的困境找到解决方案。多年以来，我在教学中越来越注重帮助人们做到这一点——实际上就是帮助他们自主学习。

以同样的视角，我相信人们将越来越多地看到商科学习与管理学习之间的差异，商科学习是一种通识教育，而管理学习是帮助个人和组织塑造自身未来的艺术，也是教授人们如何充分利用自己的资产。不同的院校将专注于其中一方面的教育，同时认识到两者之间可能存在关联但又不尽相同。把两者混为一谈的想法是错误的。

BEYOND CERTAINTY

第 31 章

日新月异的积极权力

第31章 日新月异的积极权力

"万物分崩离析,中心无以维系"——叶芝[⊖](Yeats)的话如此频繁地被引用,而且如此真实。过去几周我一直在意大利,看着这个迷人的国家时刻担心自己土崩瓦解。意大利将再也没有政治中心。人们谈到了"投票站里的幽灵",意思是如果政治中心还存在的话,很多人都愿意给那个已经消失的中心投票。

意大利也许没有政治中心,却有一个庞大的行政中心。在意大利,做什么都需要许可证而且人们还要耐心地等待获批。即使是自1300年以来一直蓬勃发展的博洛尼亚大学(University of Bologna),如果没有罗马教育部的批准也不能开设一门新课程,而获批重建你的房子可能需要数年时间的等待,并填写大量制式表格。但是希望这些官僚机构采取新的举措或者有些新的想法都是徒劳的。

极具讽刺意味的是现实社会存在一个控制一切但什么也不做的中心,一个拥有一切正式权力但没有领导者愿意积极运用权力的中心。这里充斥着"消极权力",也是滋生腐败的温床。不幸的是,这并非是意大利独有的现象。每一个大企业的走廊里都有消极权力的影子。

也许你无力运用积极权力让某件事发生,但是你几乎肯定有办法用消极权力来阻止其发生。你会说:"很抱歉,表格填错了,提交的最后期限已经过了。"

随着官僚体制的扩散,事情往往很难被做好。做好事情的

[⊖] 爱尔兰诗人、剧作家和散文家。——译者注

动力来自于权力，但是如果没有人运用积极权力去改变、创造和倡导把事情做好，那么周围唯一的动力只能来自于消极权力。这些地方充斥着政治和腐败。毕竟不用工作，不行使你所能行使的权力，却能得到报酬是件很诱人的事。所有的权力都会滋生腐败，但是由消极权力滋生的腐败产生的隐患更大。

所有这些问题的答案都很容易被找到，但实现起来却很难。答案就是缩小中心的规模。中心应该变得更强有力，但是规模更小，可以发挥更多的领导作用，批准更少的行政许可，更专注于"到哪里去"和"为什么"，而不是"怎么办"。假如ABB公司能用在苏黎世总部工作的120人管理22.5万人，博姿不到100人的企业总部也可以做到这一点。据说玛氏公司的总部人员不超过20人，设置大型总部的方式将很快成为历史。看起来小型总部能很好地集中力量，没有时间和人员进行不必要的反复检查，并且可以迫使人们把积极的权力授予那些较低层级的员工。只要可以运用积极权力，就不会激发一个人运用消极权力。

小型总部的运作基于以下假设：如果总部做出的重大决定是正确的，其下属就会管好自己的事情。小型总部有时也会出错，但是其行使积极权力释放出来的正能量，将弥补由于错误的判断造成的损失。此外，这样做要经济得多，因为信任的成本低于许可证的发放成本。小型总部依托信任而存在：相信其他人的能力，相信其他人会为企业的利益最大化而努力工作。然而信任意味着从选择正确的人开始，需要正确的培训、相处、互相了解与不断沟通。拥有小型总部的企业，必须对人才的选拔、培训和交流这些所有新组织必备的软技能的提升，保持持续的热情。

然而小型总部的管理者可能是孤独的。正如 ABB 的一位副总裁曾经对我说的："我们所能做的就是带着些许宽慰盯着牛群并加以观察。总的来说，牛群朝着正确的方向前进就好！"如果看到有些牛迷路了，企业就会拉响警报，派出一名机动的牛仔让它们迷途知返。如果牛群去了应该去的地方，就任由它们行动。管控措施被快速集中地进行，企业关注的是结果，而不是手段和过程。

可怜的意大利人长期以来一直生活在一种消极权力的文化中。无论领导者是谁，都很难改变这种文化。正所谓积习难改。如果一个人不是因为业绩而是因为没有犯错而获得奖励或晋升，这种现象就更难改变。在产生消极权力的土壤中，积极权力并不总是受到欢迎。发放许可证比采取新的举措应该更加容易。

对于我们当中的其他人来说，这也许更容易些。企业的总部变得越来越小，人们更喜欢承担个人责任，而我则希望人们在说"不"时不要那么津津有味。随着越来越多的人体会到，企业在积极权力原则的基础上做事所带来的好处，这种处理事情的方式会变得越来越流行。过去实行的组织设计是为了防止人们犯错误，而现在我们正试图通过组织设计来帮助人们做出积极的改变。时尚往往比任何理论都更强大，这一次是时尚与理论携手并进。

BEYOND CERTAINTY
第 32 章

工作变化如白衣苍狗

第32章 工作变化如白衣苍狗

也许需要一场"地震"来提醒我们,没有什么是天经地义的,即使是我们脚下的土地。我们当然不应该依赖经济或工作中所谓的一成不变的规律。如今有一些人们一直以来认为理所当然的事情看起来也不那么确定了。例如,生产率正在变成一把双刃剑。人们都知道,为了保持竞争力和获取更多的财富,需要提高所有企业的生产率。只要生产率与经济增长率同步提高,那么获取财富就没有问题。可见,经济的增长足以吸纳由于生产率的提高而被取代的工作岗位。

如今的竞争态势要求国家的生产率以每年5%到10%的速度提升,但是没有哪个发达国家能够维持如此高的总体增长率。由于生产率的增长,我们不可避免地要失去部分工作机会。然而如果不能迅速提高生产率,当整个企业倒闭时,更多的人将会失去工作,事情也正在变得更糟。以往政府和公共服务部门,也就是所谓的非竞争性部门的就业水平非常稳定,因为这些部门的实际产出无法衡量,不会过多地受到生产率变化的影响。然而目前政府重新把这些机构归入了市场竞争的队伍,把一切机构诸如学校、医院、政府甚至监狱都变成了独立的企业,就像其他企业一样,以投入产出的方式来判断这些机构的业绩。这些机构现在也被这个冰冷的公式所束缚——$0.5 \times 2 \times 3 = P$。一半员工,两倍工资,三倍产量。

这个公式对于留在工作岗位上的人效果不错,但是对于其他人而言并非如此。传统的工作理念不再有效。没有合适的工作会自己找上门来。如果我们发现并满足客户的需求，还是会有客户，包括潜在的客户上门。

如果我们能够把自己转变为独立的小型企业——我称之为"参与组合工作的人"，参与客户和产品的组合工作，就会有很多工作要做。问题是我们准备迎接的是一个充满工作而并非仅仅客户的世界。作为独立工作的人士，我们不知道该推销什么或如何推销，甚至不知道如何定价或开具发票。在这种情况下我们必须学习。

然而，部分问题在于财富和资产来源的性质发生了变化。应该忽略土地、建筑或机器设备——今天财富的真正来源是智力资产，包括已经被应用的智力资产。我们口若悬河地谈论"知识产权"，却不理解它的真正含义。它不仅仅是专利权和品牌，还包含企业的智力资产。当市场对一家企业的估值是其有形资产价值的3～4倍时，溢价就是对企业"智商"的肯定。

但是智力资产不同于其他任何财产。政府不能通过法令来发放智力资产。你甚至不能把它赠予别人，除非他们已经具备了一部分智慧。即使你确实把智慧传授给了别人，你自己的智慧也仍然存在。这有些令人难以捉摸。简而言之，智力资产至少在短期内要汇集在智力集中的地方。因此，如果智力资产真的成为新的财富源泉，社会阶层将被分为两大阵营——富人和更多的没有智力资产的人。如果只有30%年满18岁的人能接受到教育，那么在一个70%的人口需要工作的世界里就不会存在拥有财产的民主。在一个技术精湛的世界里，我们仍然处于一个低技能社会。

将智力当作资产也给企业带来其他挑战。如果企业真正的资产是聪慧的员工，是创造和维护企业知识产权的人，那么这些员工就十分宝贵。然而与其他资产不同的是，他们可以另攀高枝。为了阻止员工的流失，企业必须让他们成为企业的准合伙人，不但有大额的奖金以及股权激励计划，还应该有一些效益分红的激励措施。投资智力资产的风险将变得更大，实际上，当你把赌注压在别人的身上时，增加的风险将需要通过增加收益和短期回报来弥补。在短期内企业的日子将会变得更加艰难。最后，为了保护企业免受没有耐心的投资者的伤害，我们可能不得不需要修改《公司法》，以便限制金融家的权力。

自然界的地震会持续45秒，而这场经济地震可能会持续45年，不幸的是我们正处于这场地震的中心。地震发生时期并不是开始重建地基的最佳时机，但我们别无选择。人们面临两大选择，要么对新类型工作和财产的所有含义进行重大反思，要么在清晨醒来时看到世界变得一片荒芜。

BEYOND CERTAINTY
第 33 章

蹩脚的持枪管理法

第33章 蹩脚的持枪管理法

当你在波士顿洛根机场（Logan Airport）的安检通道等待安检时，会发现一个巨大的告示板在提醒乘客——"所有枪支都必须申报"。我的第一反应就是担心安检的效果——为什么仪器本身不能检测到枪支？接着我对美国社会也忧心忡忡，美国禁止人们在大多数公共场所吸烟，但却允许公民携带枪支到任何他们想去的地方。

公民自卫和以此为目的携带武器的权利，当然是美国传统的基本组成部分之一。然而这一传统还存在另一个方面的含义，即人们有照顾自己的责任。

当越来越多的美国人发现不得不依靠自己时，他们开始对自己的生活、命运和所应承担的责任感到越来越担忧。在大多数中等收入的美国人的记忆中，某个企业会一直对他们负责，为他们提供中等水平的收入，并承诺将持续用保险来支付他们的医疗费用。对于那些只追求收入和地位的人来说，梦想就在前方——好像有一架梯子等待任何有勇气爬上去的人。每个人都有可能在郊区拥有一所房子、2个孩子以及2辆车，如果他们愿意还可以有2把枪。

这种情景已成明日黄花。尽管经济在迅速复苏，但美国梦现在看起来更像许多人的幻觉。现在人们需要有双倍的收入才能有像父母以前一样的生活。当企业收缩核心业务，专注于短期生存时，它不会再提供任何形式的永久家园。

中等收入的管理者首次感受到了这种痛苦。他们的下属情况更糟，曾经吸引那么多人来到美国的机会之梯，如今从第一阶就已断裂。在过去，企业是一个起点，是人们接受工作训练和学习如何工作的地方。而在当下作为一名创业者，你不得不出来工作，完全负责自己的培训、发展，当然还有收入。人们对此毫无准备，许多人都无法应对。

美国比两年前更加忙碌，紧张程度与压力也更大了。美国正在成为有钱人和拾荒者的乐园，但有钱人担心可能会无以为继，拾荒者则会争先恐后地生存下来。人们曾经承诺的更加善良、更加温和的美国似乎比以往任何时候都要遥远。

Inc○杂志最近发表了一篇题为《不同以往的美国》(It's not the Same American)的文章，列出了如今开始工作的独立创业者面临的障碍。这些障碍包括政府对小型企业和新企业的过度监管、监管垄断、限制原始资本进入企业，以及不鼓励储蓄和创业的福利陷阱。最重要的是，公共教育系统培养出的所谓的学生对于即将进入的混沌世界都毫无准备。

我们很容易意识到在面对如此多的障碍而要独立自主地生活时，我们自己应该做些什么，这需要花费金钱、时间和精力——如果不改变心智和想法，人们将不会行动。如果每个人依然故我，只要成功和自尊仍用物质主义的标尺来衡量，那么整个世界就会是一个自私、冷漠和目光短浅的世界。我们这些井底之蛙最终会搬起石头砸自己的脚，那些本可以成为我们客户

○ 以发展中的私营企业管理层为关注点的美国商业杂志。——译者注

的人成了寄生虫，而我们本可以成为这些人的恩人，最终却变成了受害者。我确认过最近一项调查数据，70%的抢劫和暴力犯罪都是由失业者犯下的，目的是报复富人。

无独有偶，美国畅销书排行榜上高居榜首的一本新书对此进行了诠释。这本书是阿米特尼·埃齐奥尼（Amitni Etzioni）写的《社会精神》(*The Spirit of Community*)。该书呼吁在我们的社会中重新唤起社会意识，平衡似乎已经失控的人的劣根性。这本书一定引起了大家的共鸣。我思忖并不是因为"社会"这个模棱两可的词可以给人们一个完美的答案，而是许多人相信生活乃至商业必须有更多的内涵，而不仅仅是金钱或者更多的财富。成功也应该用其他方式来衡量，毕竟"社会"是存在的。

如果所有的责任都意味着人们有权携带自己的枪，我们都将被射杀。也许这一次，英国人可以让美国看到自己国家未来的样子。

BEYOND CERTAINTY
第 34 章

快节奏工作，携财富西去

第34章 快节奏工作，携财富西去

你走路走得有多快？在日本城市中生活的人走得最快，其次是美国人、英国人、中国台湾人和意大利人。印度尼西亚人走路的速度是最慢的。这个耐人寻味的事实来自斯图尔特·兰斯利（Stewart Lansley）和亨利·森特（Henley Centre）合著的一本重要的新书《淘金热之后》(After the Gold Rush)。显而易见，似乎你越富有，生活节奏就越快。

为了变得更富有，或许只是为了在现代社会中生存，你不仅走得更快，而且工作得也更久、更努力，承受更多的压力。在过去的20年里，美国人的工作时间每年增加了1个月，1年的上下班时间增加了23个小时，假期减少了3天半。但美国跟日本比起来只能算小巫见大巫，日本人1年的工作时间比大多数欧洲人多400个小时（相当于多工作10周），每年只有7.9天的带薪假期，留给日本人花钱去享受的时间并不多。

难怪日本人用"过劳死"这个词来形容过度工作。显然，有一半的人生活在对过劳死的恐惧之中。即使是在更加懒散的英国，卡里·库珀（Cary Cooper）教授在他的一项调查中发现，公司董事长和首席执行官中有一半人都承受着与工作时间有关的压力。对于更多的普通人来说，如果工作时间过长，在一段时间后就会出现抑郁症或单纯地无法忍受这种情形——与其说是过劳死，不如说是"无法承受"。根据麻省理工学院去年的一项研究预测，工作导致的抑郁症给美国造成了470亿美元的损失，与心脏病旗鼓相当。两者的不同之处在于心脏病的费用均由患者和保险公司支付，而抑郁症产生的大部分影响并不可见，却要由企业承担损失。

我们在对自己做什么？这是新竞争的一部分，作为企业的员工或市场化的企业，必须怎么做才能生存？或许我们正在为自己创造一个新的如神话般完美，又如当代英雄般心力交瘁的高层管理者形象？无论如何，如果最优秀与最聪明的人最终除了工作之外并没有时间做其他事或与人交往，如果成功的代价是必须全身心地投入到工作中去，这对我们的社会来说不是个好兆头。

有人猜测即使没有成为抑郁症的牺牲品，在超过一定的工作时间后，人们也不能很好地完成工作。每周工作80小时，对高级管理人员来说，效果也不会比工作年资浅的医生好到哪里去。当极度疲劳时，两者都可能做出错误的诊断，开出错误的处方。

疲劳行为造成的后果已经可以确定：不是朦胧的双眼或低垂的下巴，而是为解燃眉之急，让保持企业运转而使事情变得简单；通过将问题两极分化成黑与白、对或错，没有灰色地带或模棱两可；通过对人和环境形成刻板印象，把他们放进我们熟悉的并知道该如何应对的条条框框。我们缩短了时间范围，把所有困难的决定推迟到另外一天来完成。当我们累了时，也会继续喋喋不休而不是倾听——这样做有助于保持清醒。首先动用的是情感而不是理性，为了让自己继续前进，我们通过喝酒或服用其他兴奋剂打起精神。

对我们来说这种策略奏效了。企业、顾客、客户或周围的人正承受着我们用简单化处理问题的方式所带来的意想不到的后果。周围的人反过来也开始效仿这种方式，而且往往是下级效仿上级的行为。这会让所有人都上瘾。此外，处理工作场所的问题往往比处理外界的问题和决策更加容易。

人们需要肾上腺素、截止日期、目标和实现目标的压力。就我个人而言，缺少了这些我就会陷入昏昏欲睡和自我怀疑的状态。与以前一样，这是一个要寻求平衡的问题，或者更准确地说是一个要相得益彰的问题。人们既要有压力，也要有空闲时间和安静的空间，阿尔文·托夫勒（Alvin Toffler）把这称为稳定地带。人们需要集中注意力专注于眼前和细节，有机会也要走出去，看看工作之外的世界，见见那些不清楚我们在做什么的人。"你的工作进展得这么顺利，我真为你高兴。"有一次，当看到我每周工作80个小时后，妻子对我说，"我只是觉得你应该知道，你已经变成了我所认识的最无聊的人。"

如果没有时间享受所创造的成果，在这个时代结束时，我们就只能同意《传道书》（*Book of Ecclesiastes*）中传道者的观点，他悲叹道："看看我劳碌所获得的成功，都是虚空，都是在捕风。"

BEYOND CERTAINTY
第 35 章

如何管理"隐形"员工

第35章 如何管理"隐形"员工

最近，我参加了一个有800名图书馆管理员参加的论坛。这种论坛通常并不是预见未来发展方向的会议，但事实就是如此。大会主席首先提醒了我们图书馆有着悠久而庄重的传统，以及图书管理员作为其中珍宝与设施守护者的重要性。然而变化就在眼前，电脑终端正在取代传统的书架，这已是实实在在发生的事。我过去常常在商学院的图书馆里用目录柜和卡片目录找书，现在我只要去电脑终端就可以了。如果我想要一篇文章的副本，不用再把这本期刊拿到复印机上复印，而是可以直接把屏幕上的内容打印出来。

事实上一位编辑在那次会议上说，他们正在考虑是否应该停止印刷和发行自己的期刊，而是直接把期刊导入图书馆的数据库。"为什么要这么做呢？"另一个人说道，"我不需要再去附近的图书馆了，我可以在自己家里的电脑屏幕上阅读。"当图书管理员体会刚才所说的话的含义时，我正看着他们的表情。他们正在思考"虚拟图书馆"这一奇异的现实——一个没有实体的图书馆，是一个概念而不是一个地方。

我们开始看到这类"虚拟企业"表现出更多的端倪，企业不需要为提供服务而让所有的人，有时甚至是其中任何一个人集中在一个地方。企业是真实存在的，但是你看不到它。这是一个网络，而不是办公室。随着科技不断地把不可能的事物变成熟悉的事物，电子技术和电话使人与人之间的交流变得更经济、更快捷，而不须在一个房间里面对面地交流。企业租用办公室的成本很高，员工用在旅途中的时间也是如此。如果企业削减了这部分开支，成本就会降低。现在如果你走进一家企业，就可能会发现有一半的办公室是空的。办公室的使用者没有旷工，而是外出工作，在汽车、火车或飞机、家里或客户的办公室。那么为什么还要保留一个半数时间都空着的办公室呢？

虚拟企业必须管理不在视线范围内的员工。总部位于洛杉矶的广告代理公司Chiat-Day自诩为一家虚拟企业。负责行政和业务发展的高级副总裁劳里·库茨（Laurie Coots）说，"工作是员工要做的事情，而不是员工要去某个地方。"员工可以在适合自己的任何地方工作，只在参加必要的会议时才去我曾经描述过的"会所"或极其简单的办公室。Chiat-Day必须相信员工正在做他们应该做的事情，因为当员工离开企业的视线时，企业没有办法监督他们的工作。

信任则是个难题。虚拟企业是建立在信任的基础之上的。这应该是个好消息，因为与监管、检查和控制员工相比，信任的成本很低，也更令人愉快。但是你不能信任素不相识的、不致力于企业目标的人，也不能信任让你失望的人。也许这是不言而喻的道理，但意义重大。

（1）人们的选择变得比以往任何时候都更重要。一个坏苹果会搞烂一筐苹果。招聘、任职与晋升已成为关键的管理要务，而仅仅依靠面试招聘员工是不够的。我想人们会看到更多的试用期合同，以便给企业时间来确定员工是否称职。

（2）有多少人是你足够了解或可以信任的？可能最多不超过50人。组织的单位必须变得更小、更稳定，以便人们能够随着时间的推移而相互了解。团队协作现在很流行，但是为了让团队保持团结，必须有足够的灵活性来帮助人们处理一系列的任务。因此，信任需要团队不断升级和再教育。

（3）谈话能增进双方的信任。如果在与人交往中想实现眼不见心不烦，电子邮件、语音邮件和其他各种类型的邮件都是必不可少的。但是高科技需要通过较多的人与人的接触来达到平衡。如果与会者是朋友而不是陌生人，视频会议的效果会更好。虚拟企业强调在一起开会的重要性，不一定是在办公室或办公时间，这样他们就可以与通过电子技术手段了解对方一样，面对面地了解对方。

（4）愿景和价值观的确很重要。如果没有共同的目标，人们会把自己的目标放在第一位。然而，如果那些在企业视野外工作的员工，认为他们的工作只是在让一些默默无闻的股东变得更富有，就不太可能做得比企业给他们的任务更多。员工的工作必须被赋予更重要的意义，面对面的团队会议应关注重新执行企业的使命和目标，以赢得其员工对企业的忠诚。

（5）建立信任十分困难。如果有人让你感到失望，你就再也不能信任他。虚拟企业需要员工忠诚和良好的表现。企业可以注重奖励结果，但必须惩罚无能和重复的失败。如果不这样做，企业将不得不重新建立检查和控制体系。不要期望从一个建立在信任基础上的组织获得一份有保障的工作，保障必须自己争取。

不管你是否愿意，时代都在变化。越来越多的人必然将开始经营虚拟企业，同时还要学习如何经营这类企业。

会计极速入职晋级

书号	定价	书名	作者	特点
66560	49	一看就懂的会计入门书	钟小灵	非常简单的会计入门书；丰富的实际应用举例，贴心提示注意事项，大量图解，通俗易懂，一看就会
44258	49	世界上最简单的会计书	[美]穆利斯 等	被读者誉为最真材实料的易懂又有用的会计入门书
71111	59	会计地图：一图掌控企业资金动态	[日]近藤哲朗 等	风靡日本的会计入门书，全面讲解企业的钱是怎么来的，是怎么花掉的，要想实现企业利润最大化，该如何利用会计常识开源和节流
59148	69	管理会计实践	郭永清	总结调查了近1000家企业问卷，教你构建全面管理会计图景，在实务中融会贯通地去应用和实践
69322	59	中小企业税务与会计实务（第2版）	张海涛	厘清常见经济事项的会计和税务处理，对日常工作中容易遇到重点和难点财税事项，结合案例详细阐释
42845	30	财务是个真实的谎言（珍藏版）	钟文庆	被读者誉为最生动易懂的财务书；作者是沃尔沃原财务总监
64673	79	全面预算管理：案例与实务指引（第2版）	龚巧莉	权威预算专家精心总结的实操经验，大量现成的制度、图形、表单等工具，即改即用
75747	89	全面预算管理：战略落地与计划推进的高效工具	李欣	拉通财务与经营人员的预算共识；数字化提升全面预算执行效能
75945	99	企业内部控制从懂到用（第2版）	冯萌 等	完备的理论框架及丰富的现实案例，展示企业实操经验教训，提出切实解决方案
75748	99	轻松合并财务报表：原理、过程与Excel实战（第2版）	宋明月	87张大型实战图表，教你用EXCEL做好合并报表工作；书中表格和合并报表编制方法可直接用于工作实务
70990	89	合并财务报表落地实操	蔺龙文	深入讲解合并原理、逻辑和实操要点；14个全景式实操案例
69178	169	财务报告与分析：一种国际化视角	丁远 等	从财务信息使用者角度解读财务与会计，强调创业者和创新的重要作用
64686	69	500强企业成本核算实务	范晓东	详细的成本核算逻辑和方法，全景展示先进500强企业的成本核算做法
74688	89	优秀FP&A：财务计划与分析从入门到精通	詹世谦	源自黑石等500强企业的实战经验；七个实用财务模型
75482	89	财务数字化：全球领先企业和CFO的经验	[英]米歇尔·哈普特	从工程师、企业家、经济学家三个视角，讨论财务如何推动企业转型的关键杠杆
74137	69	财会面试实用指南：规划、策略与真题	宋明月 等	来自资深面试官的真实经验，大量面试真题
55845	68	内部审计工作法	谭丽丽 等	8家知名企业内部审计部长联手分享，从思维到方法，一手经验，全面展现
72569	59	超简单的选股策略：通过投资于身边的公司获利	爱德华·瑞安	简单易学的投资策略，带你找到对你来说有可能赚钱的股票，避免错过那些事后会后悔没买进的好股票
73601	59	逻辑学的奇妙世界：提升批判性思维和表达能力	[日]野矢茂树	资深哲学教授写作的有趣入门书；适合所有想在工作、学习和生活中变得更有逻辑的人
69738	79	我在摩根的收益预测法：用Excel高效建模和预测业务利润	[日]熊野整	来自投资银行摩根士丹利的工作经验；详细的建模、预测及分析步骤；大量的经营模拟案例
60448	45	左手外贸右手英语	朱子斌	22年外贸老手，实录外贸成交秘诀，提示你陷阱和套路，告诉你方法和策略，大量范本和实例
70696	69	第一次做生意	丹牛	中小创业者的实战心经：赚到钱、活下去、管好人、走对路；实现从0到亿元营收跨越
70625	69	聪明人的个人成长	[美]史蒂夫·帕弗利纳	全球上亿用户一致践行的成长七原则，护航人生中每一个重要转变

财务知识轻松学

书号	定价	书名	作者	特点
71576	79	IPO财务透视：注册制下的方法、重点和案例	叶金福	大华会计师事务所合伙人作品，基于辅导IPO公司的实务经验，针对IPO中最常问询的财务主题，给出明确可操作的财务解决思路
58925	49	从报表看舞弊：财务报表分析与风险识别	叶金福	从财务舞弊和盈余管理的角度，融合工作实务中的体会、总结和思考，提供全新的报表分析思维和方法，黄世忠、夏草、梁春、苗үн生、徐珊推荐阅读
62368	79	一本书看透股权架构	李利威	126张股权结构图，9种可套用架构模型；挖出38个节税的点，避开95个法律的坑；蚂蚁金服、小米、华谊兄弟等30个真实案例
70557	89	一本书看透股权节税	李利威	零基础50个案例搞定股权税收
62606	79	财务诡计（原书第4版）	[美]施利特 等	畅销25年，告诉你如何通过财务报告发现会计造假和欺诈
70738	79	财务智慧：如何理解数字的真正含义（原书第2版）	[美]伯曼 等	畅销15年，经典名著；4个维度，带你学会用财务术语交流，对财务数据提问，将财务信息用于工作
67215	89	财务报表分析与股票估值（第2版）	郭永清	源自上海国家会计学院内部讲义，估值方法经过资本市场验证
73993	79	从现金看财报	郭永清	源自上海国家会计学院内部讲义，带你以现金的视角，重新看财务报告
67559	79	500强企业财务分析实务（第2版）	李燕翔	作者将其在外企工作期间积攒下的财务分析方法倾囊而授，被业界称为最实用的管理会计书
67063	89	财务报表阅读与信贷分析实务（第2版）	崔宏	重点介绍商业银行授信风险管理工作中如何使用和分析财务信息
58308	69	一本书看透信贷：信贷业务全流程深度剖析	何华平	作者长期从事信贷管理与风险模型开发，大量一手从业经验，结合法规、理论和实操融会贯通讲解
75289	89	信贷业务全流程实战：报表分析、风险评估与模型搭建	周艺博	融合了多家国际银行的信贷经验；完整、系统地介绍公司信贷思维框架和方法
75670	89	金融操作风险管理真经：来自全球知名银行的实践经验	[英]埃琳娜·皮科娃	花旗等顶尖银行操作风险实践经验
60011	99	一本书看透IPO：注册制IPO全流程深度剖析	沈春晖	资深投资银行家沈春晖作品；全景式介绍注册制IPO全貌；大量方法、步骤和案例
65858	79	投行十讲	沈春晖	20年的投行老兵，带你透彻了解"投行是什么"和"怎么干投行"；权威讲解注册制、新证券法对投行的影响
73881	89	成功IPO：全面注册制企业上市实战	屠博	迅速了解注册制IPO的全景图，掌握IPO推进的过程管理工具和战略模型
70094	129	李若山谈独立董事：对外懂事，对内独立	李若山	作者获评2010年度上市公司优秀独立董事；9个案例深度复盘独董工作要领；既有怎样发挥独董价值的系统思考，还有独董如何自我保护的实践经验
68080	79	中小企业融资：案例与实务指引	吴瑕	畅销10年，帮助了众多企业；从实务层面，帮助中小企业解决融资难、融资贵问题
74247	79	利润的12个定律（珍藏版）	史永翔	15个行业冠军企业，亲身分享利润创造过程；带你重新理解客户、产品和销售方式
69051	79	华为财经密码	杨爱国 等	揭示华为财经管理的核心思想和商业逻辑
73113	89	估值的逻辑：思考与实战	陈玮	源于3000多篇投资复盘笔记，55个真实案例描述价值判断标准，展示投资机构的估值思维和操作细节
62193	49	财务分析：挖掘数字背后的商业价值	吴坚	著名外企财务总监的工作日志和思考笔记；财务分析视角侧重于为管理决策提供支持；提供财务管理和分析决策工具
74895	79	数字驱动：如何做好财务分析和经营分析	刘冬	带你掌握构建企业财务与经营分析体系的方法
58302	49	财务报表解读：教你快速学会分析一家公司	续芹	26家国内外上市公司财报分析案例，17家相关竞争对手、同行业分析，遍及教育、房地产等20个行业；通俗易懂，有趣有用